Wiebke Topf
Nur die Liebe zählt.

„Wenn das Leben Dich zeichnet – macht Liebe ein Kunstwerk daraus."

WIEBKE TOPF

Nur die Liebe zählt.

„Wenn das Leben Dich zeichnet –
macht Liebe ein Kunstwerk daraus.“

Wiebke Topf
Nur die Liebe zählt.
Wenn das Leben Dich zeichnet, macht Liebe ein Kunstwerk daraus

1. Auflage
© 2021 Wiebke Topf
www.josia-topf.com

Christliche Verlagsgesellschaft mbH, Dillenburg (Koproduktion)
Best.-Nr. 271776 · ISBN 978-3-86353-776-0

Fotos:
Marie Theres Graf, Grafschaft Erlangen
Ralf Kuckuck, DBS / NPC Germany
Michael Bernstein, ABM/ Bernstein Films bF
Wiebke Topf

Satz und Umschlaggestaltung: Sommerer Satz und Druck, Nürnberg
Gedruckt in der EU

Danke

Einleitung.

„Wenn Du ein Buch über all das, was Du erlebt hast, schreiben würdest, würde ich es lesen!"

Zum wiederholten Mal hörte ich das jetzt, nachdem ich auf einem Frauenfrühstück gesprochen hatte.

Doch es stieß nicht auf Resonanz bei mir, da ich ja sowieso für nichts Zeit hatte, wie sollte ich da ein Buch schreiben.
Ich war froh, wenn ich rechtzeitig meine E-Mails beantworten konnte.
Außerdem brauchte die Welt vielleicht nicht noch ein Buch über ein tolles behindertes Kind, davon gab es schon einige beeindruckende Versionen.
Als dann in diesem Frühjahr 2020 das Sars-Cov2-Virus die weitere Jahresplanung übernahm und uns alle ins Haus verbannte, beschloss ich, es einfach mal zu versuchen.
Es ist eine lockere Sammlung vieler Geschichten und Erlebnisse geworden, die nicht hauptsächlich das Leben mit einem behinderten Kind schildern sollen.
Mein großer Wunsch ist, dass Menschen, die Leid erlebt und den Eindruck haben, deshalb ihr Leben nicht mehr meistern zu können, ermutigt werden und eine Möglichkeit finden, ihrem Leben wieder eine neue Ausrichtung zu geben.

Aus diesem Grund haben wir vor einigen Jahren unseren Verein „Weitergehen e. V." genannt.

Das wünsche ich jedem Leser:
ein Weitergehen – ganz besonders in der Beziehung mit Jesus.

Nun aber bleiben Glaube, Hoffnung, Liebe,
diese drei; die Liebe aber ist die Größte unter ihnen.

1. Korinther 13,13 (Luther 2017)

Dieser wunderbare Vers aus dem sogenannten Hohelied der Liebe ist einer meiner liebsten in der Bibel. Er ist so unmissverständlich. Einfach, prägnant und hilfreich.

Die Liebe vermag alles. Und ohne Liebe sind wir nichts.
Die Liebe, die ich von Gott erfahren habe, hat meinen Glauben gerettet und mich immer wieder zu ihm zurückgebracht.
Sie bringt mein Leben in Ordnung, meine Fragen in die richtige Reihenfolge und meine aufgewühlte Seele zur Ruhe.

Alles, was wirklich Bestand hat, was einen Unterschied macht, was Großes bewirken kann, kommt aus der Gewissheit, dass man geliebt wird und dass man liebt.

Wenn ich als Sprecherin für Frauenfrühstückstreffen eingeladen werde, wird als Titel des Vortrags oft „Leben. Lieben. Leiden." ausgewählt. Alle drei Nuancen kommen im Leben jedes Menschen vor. Sie sind nur bei jedem unterschiedlich verteilt.

Gerne würden wir das Thema „Leiden" ganz ausklammern. Wir möchten lieben, wir möchten leben, möchten gut leben – aber leiden will niemand.

Wir beschäftigen uns grundsätzlich erst mit dem Thema „Leid", wenn es uns bereits getroffen hat. Und es ist auffallend, dass sich Menschen, die sich ein Leben lang nicht für Gott interessieren, verärgert an ihn wenden, wenn ihnen etwas zustößt, wenn sie Leid erfahren.

„Wie kann der liebe Gott denn so etwas zulassen?"
„Ich war doch immer ein guter Mensch!"
„Das habe ich nicht verdient!"

Aber auch bei Menschen, die Gott kennen und ihm nachfolgen, kommen solche Fragen auf und Gedanken werden laut wie: „Ich habe doch immer gebetet, ich war regelmäßig in der Kirche, ich habe so viel Geld gespendet. Wieso stößt mir jetzt so etwas zu?"

Gott und die Beziehung zu ihm oder die Zugehörigkeit zu einer Kirche bieten keine „Rundum-Lebensversicherung", die wir im Bedarfsfall abrufen können. Wenn das so wäre, würden sich sehr viel mehr Menschen für den Glauben interessieren, denn abgesichert sein möchte jeder.

Intellektuell stimmen wir dem zu, aber emotional können wir oft nicht folgen. Auch wenn wir schon lange mit Gott leben und verschiedenste Theologien, Erfahrungsberichte und Predigten gehört und verinnerlicht haben, kann es sein, dass es durch erfahrenes, unverstandenes Leid zu einem Bruch in der Beziehung zu Gott kommt.

Es ist dann so wie in einer Ehe, in der man noch zusammenlebt und den gleichen Namen trägt. Aber das Lebendige, die Liebe und das Vertrauen, das, was eine Beziehung ausmacht, ist verschwunden.

Von außen sieht man Personen meist nicht an, wie schlecht es möglicherweise um ihre Ehe bestellt ist. Genauso wenig sieht man es Menschen an, in welcher inneren Not sie sich befinden.

Wir wahren als Christen den Schein, geben nicht zu, dass wir uns von Gott im Stich gelassen fühlen, dass wir uns ihm eigentlich gar nicht mehr ausliefern wollen und dass wir ihn auch nicht (mehr) von Herzen anbeten können. Denn solche Gedanken und Gefühle „gehören" sich nicht, wenn man Christ ist.

Im Anschluss an meine Vorträge über Leid kommen viele Frauen zu mir und erzählen mir ihre Geschichten. Sie handeln von kleineren und größeren Katastrophen, davon, dass das Leben so ganz anders gelaufen ist, als man sich das gewünscht und vorgestellt hat. Die eigentliche Not dahinter aber bestand oft darin, dass alle diese Ereignisse zu einem Verlust der persönlichen Beziehung zu Gott oder Jesus geführt hatten. Darunter litten diese Menschen sehr.

Die Beteiligten waren nicht ehrlich mit ihrem Empfinden und ihren Gefühlen umgegangen, sondern hatten den Schmerz, ihre wahren Gefühle und Fragen unter einer christlichen Decke versteckt.

Trotzdem waren viele von ihnen immer noch als Mitarbeiter in der Kirche, in der Gemeinde aktiv, lebten als Christen, traten ein für ihre Überzeugungen. Eine Mitarbeiterin im Kindergottesdienst sagte einmal zu mir:
„Ich erzähle den Kindern jeden Sonntag, dass Gott gut ist, aber wenn ich ehrlich bin, glaube ich das, nach dem was ich durchgemacht habe, selbst schon lange nicht mehr."

Wenn wir das, was wir erlebt haben, nicht mehr mit dem zusammenbringen können, was wir glauben, stehen wir unter gewaltigem Druck. Unser Herz entfremdet sich von Gott durch die Enttäuschung, es besteht keine Herzens- oder Liebesbeziehung mehr.

Wir leben unseren Glauben im Rahmen unserer Traditionen, verinnerlichten Werten und Erziehung. Und das kann oft sehr anstrengend sein.

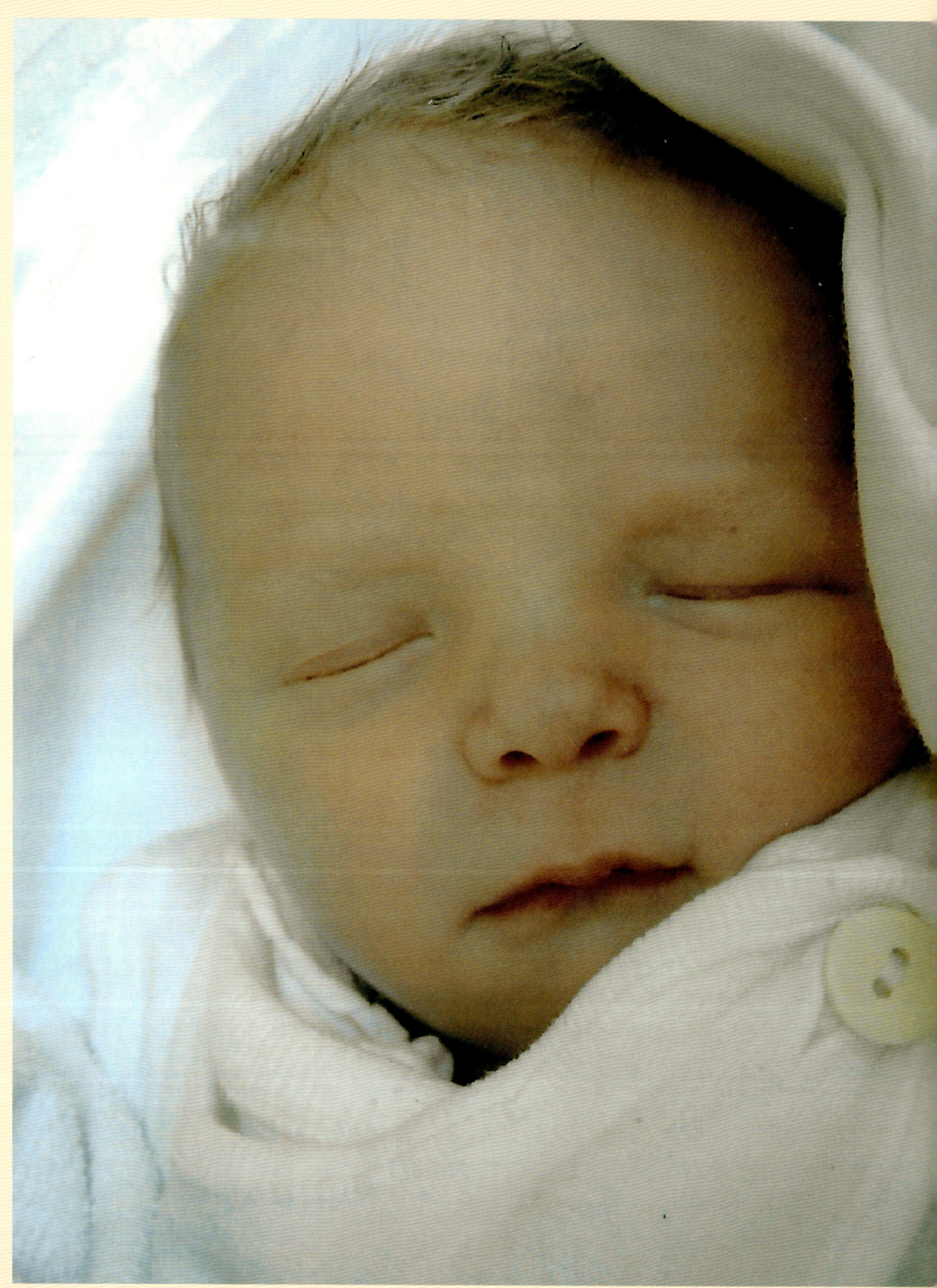

Ich habe mich im Kindergarten bei Ordensschwestern aus der Christus-bruderschaft Selbitz zu Jesus bekehrt. Jeden Tag erzählte Schwester Renate uns Kindern eine biblische Geschichte. Dabei leuchteten ihre Augen so sehr, dass mich diese Begeisterung für Jesus und die Bibel in den Bann zog. Das musste ich auch erleben.

Manchmal denke ich, dass dieser unverdorbene Kinderglaube das einzig Wahre überhaupt gewesen ist. Nicht verknotet, einfach, direkt, voller Glauben und Vertrauen, dass Gott alles sieht, alles weiß und immer hilft. Aber wenn man sich als Kind zu einem Erwachsenen entwickelt, muss sich der Glaube mit entwickeln. Er darf nicht auf der intellektuellen Stufe eines fünfjährigen Kindes stehen bleiben.

Das blieb er auch nicht, und auch wenn ich inzwischen vieles in Frage stelle, bin ich dankbar für die vielen Menschen, Erfahrungen und Mei-nungen, die mir begegnet sind.

1994 heiratete ich meine große Jugendliebe Hans-Georg, einen Men-schen, der so ganz anders tickte als ich – und es immer noch tut. Er ist eine sehr große Bereicherung. Durch ihn werde ich mit ganz anderen Ansichten und Einblicken konfrontiert – was ich sehr schätze.

Nachdem wir acht Jahre verheiratet waren und Hans-Georg sein Medi-zinstudium fast abgeschlossen hatte, beschlossen wir, eine Familie zu gründen, und im September 2002 wurde ich schwanger.

Alles schien unproblematisch zu verlaufen, bis ich in der 28. Woche bei einem Kontrolltermin bei meiner Frauenärztin aufgefordert wurde, eine Zweitmeinung in der Uniklinik einzuholen. Auf meine Frage, ob ich mir Sorgen machen müsste, verneinte sie und meinte, es wäre nur zur Sicherheit. Sie sei sich nicht sicher, ob die Beine gleich lang wären.

Als ich in der Uniklinik in Erlangen um einen Termin für eine Ultraschalluntersuchung zur Kontrolle bat, meinte die zuständige Dame nur, sie hätten hier wirklich Problemfälle und eigentlich keine Zeit für solche Überprüfungen. Da Hans-Georg aber Kollege war, machte sie eine Ausnahme und schob mich dazwischen.

Wir wussten zu diesem Zeitpunkt bereits, dass unser Baby ein Junge war, und die Frauenärztin hatte bei den zurückliegenden Untersuchungen immer von den perfekten Maßen geschwärmt.

Völlig entspannt ging ich also ohne Begleitung zu diesem Termin, und auch der Arzt, der den Ultraschall durchführte, meinte lächelnd, bevor er mit der Untersuchung anfing, dass die ansässigen Frauenärzte manchmal beim Messen den Arm mit dem Bein verwechseln würden; das hätten sie schon oft erlebt.

Doch plötzlich änderte sich die Stimmung. Was nun geschah, sehe ich in meiner Erinnerung nur noch wie durch einen Nebel. Woran ich mich erinnere, ist, dass sich das Zimmer auf einmal mit vielen Ärzten und Studenten füllte. Es wirkt in der Erinnerung wie ein eingefrorenes Bild, sehr skurril …

Mir war klar: Da war etwas überhaupt nicht mehr in Ordnung. Keine Ahnung, wer genau mir was mitteilte, mir wurden vorher schon die Knie weich und ich kollabierte fast, weil ich an der Atmosphäre wahrnehmen konnte, dass da jetzt nichts Gutes auf mich zukam. Man teilte mir ziemlich emotionslos mit, dass das Kind keine Arme und verkrüppelte Beine hätte – bei den Füßen sei man sich nicht ganz sicher –; und möglicherweise wäre es aufgrund der Vielzahl von körperlichen Missbildungen auch schwer geistig behindert.

In meiner Erinnerung verließen dann alle das Zimmer und gingen in den Nebenraum. Ich fing an hysterisch zu weinen und fühlte mich komplett allein. Ich frage mich bis heute, warum mich keiner von den vielen Menschen getröstet, mir zugeredet oder mich in den Arm genommen hat. Dies war einer der einsamsten und schrecklichsten Momente in meinem Leben.

Dann teilte man mir mit, dass man meinen Mann verständigt hätte. Als er in den Raum eintrat, wurde er erst einmal mit den Worten begrüßt: „Herr Kollege, kommen Sie mal hierher und schauen Sie sich das an!" Als wäre er in diesem Moment hauptsächlich Kollege!

Schließlich ließ man mich unterschreiben, dass ich über die Möglichkeit eines Schwangerschaftsabbruchs unterrichtet worden sei.
Zusätzlich informierten sie mich darüber, dass in so einem fortgeschrittenen Schwangerschaftsstadium ein Abbruch derzeit leider hier im Haus nicht angeboten werden könne und rieten mir dringend, eine geeignete Einrichtung aufzusuchen. Über eine erfolgreiche Fortführung der Schwangerschaft sprach eigentlich niemand.

Ich hatte das Gefühl, als hätte mich eine Bombe getroffen.
Die nächsten Tage verbrachte ich auf- und abgehend, immerzu vor mich hinmurmelnd: „Was soll ich denn jetzt bloß machen?"

Ich konnte nichts essen oder trinken, ich befand mich wie in einem dunklen Tunnel.

Wenn ich meine Geschichte erzähle, werde ich oft gefragt, wie sich denn mein Mann in dieser Situation verhalten hat.

Und dann berührt es mich immer wieder, wenn ich sagen kann, was er damals als Erstes gesagt hat: „Ich liebe dieses Kind schon lange; und jetzt, wo ich weiß, dass es krank ist, braucht es mich umso mehr!"
Zu keiner Zeit ist er von diesem Satz abgewichen. Nicht weil religiöse Werte im Vordergrund standen, sondern weil seine Liebe zu unserem Sohn im Vordergrund stand und alles andere überstrahlte.

Ich hingegen konnte so schnell keine derartig klare Aussage treffen. Natürlich hieß es in unseren christlichen Kreisen immer, Abtreibung sei Mord. Aber, wenn es einen persönlich betrifft und man unter Schock steht, merkt man, dass darüber zu reden oder damit real konfrontiert zu werden, doch zwei sehr unterschiedliche Dinge sind. Interessanter-weise nahmen unsere christlichen Freunde dazu auch gar nicht Stellung. Außer einer Person traute sich niemand zu sagen, dass Abtreibung – was in unserem Fall Tötung durch eine Spritze und anschließende Totgeburt bedeutet hätte – in seinen Augen Mord sei. Unser ganzes Umfeld, unsere Familien, unsere Freunde, alle standen einfach nur unter Schock.

Es war, als müssten wir uns zwischen Pest und Cholera entscheiden. Eine Lösung, die sich gut und richtig angefühlt hätte, gab es nicht. Wie soll man eine Entscheidung fällen, wo man doch keine Ahnung von nichts hat?!

Bereits nach einer Abtreibung in einem sehr frühen Stadium haben viele Frauen im Nachhinein mit ihrer Entscheidung zu kämpfen. Ich wusste, dass meine Seele es nicht überleben würde, wenn ich nach dem Schwangerschaftsabbruch ein totes Kind auf die Welt bringen müsste.

Kommen Kinder – aus welchen Gründen auch immer – zu früh auf die Welt, wird in der Klinik alles aufgefahren, um sie optimal zu unterstützen und durchzubringen. In unserem Fall wollte man sicher gehen, dass es nicht lebend auf die Welt kam. Was für eine verrückte Welt! Niemand konnte uns genau vorhersagen, wie diese Ultraschallprognose und reale Behinderung sich auswirken oder konkret aussehen würde. Ich hatte so ein Kind auch noch nirgendwo gesehen.

Wie schlimm es werden und ob dieses Kind überhaupt lebensfähig sein würde, was da alles auf uns zukommen würde – keiner konnte das so genau sagen. Furchtbare Vorstellungen quälten mich. Alle Babyklamotten mit langen Ärmeln, die ich bereits gekauft hatte, schienen mich zu verhöhnen. Dabei wusste ich, dass die Frage der Einkleidung eins der kleineren Probleme werden würde.

Ein viel größeres Problem, das mich umtrieb, war zum Beispiel: Wie ging das alles zusammen mit einem guten, liebenden Gott? Ich hatte keine Ahnung!

Denn er hat seinen Engeln befohlen,
dass sie dich behüten auf allen deinen Wegen,
dass sie dich auf den Händen tragen
und du deinen Fuß nicht an einen Stein stößt.

Psalm 91,11-12 (Luther 2017)

Ich erzähle oft, dass ich diesen Vers nicht einmal mehr denken konnte, weil ich dachte: Ich habe keine Fußverletzung von einem Stein, an dem ich mich gestoßen habe, ich habe einen ganzen Steinschlag mitten auf den Kopf bekommen! Was soll das?! Habe ich so schlecht gelebt, dass ich das jetzt erleben muss? Was habe ich falsch gemacht? Wofür bestraft Gott mich jetzt genau? Will er mich erziehen? Und wenn ja, warum und wozu? Liebt er mich nicht mehr? Hat er mich vergessen?

Meine Gedanken kreisten in einer Abwärtsspirale und zogen mich in einen Strudel tiefer Verzweiflung.

An anderen Tagen hoffte ich einfach, ich würde wie aus einem schlechten Traum erwachen und ging hoffnungsvoll zum nächsten Ultraschalltermin, um dann wieder zu hören, dass die Ausgangsdiagnose sich nicht verändert hatte.

Manchmal hatte ich den Eindruck, dass wir als Christen, wenn uns etwas zustößt, schlimmer dran sind als die Menschen, die nicht mit Gott rechnen. Wir müssen uns das alles mit einem liebenden Gott erklären, wenn wir Christen bleiben wollen. Denn wir wollen ja nicht einem grausamen, willkürlichen Gott nachfolgen. Es ist schwierig, das alles zu verarbeiten, und es bringt nichts, wohlklingende Bibelverse einfach aus der Tasche zu ziehen und drüber zu bügeln, wenn sie im Herzen nicht als ein Reden Gottes wahrgenommen werden.

Ich habe Familien mit behinderten Kindern erlebt, die nicht gläubig waren und die einfach pragmatisch gesagt haben: „Das passiert halt ab und zu. Machen wir das Beste draus."

Solche Familien hatten auch den Mut, noch weitere Kinder zu bekommen. Sie brauchten keine Generalerlaubnis oder einen Zuspruch Gottes.

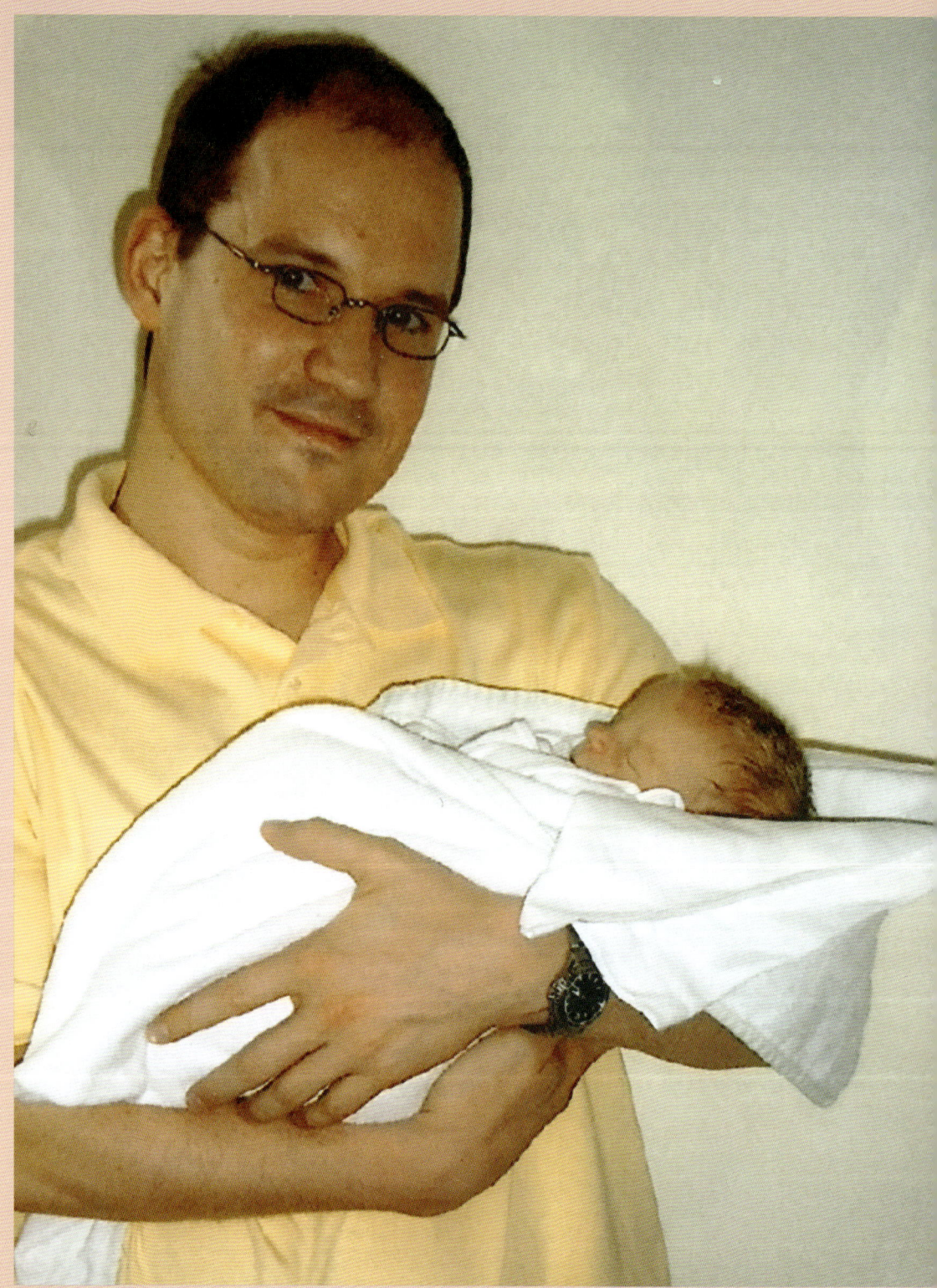

Sie rechneten einfach nicht mit ihm. Weder im Guten noch im Bösen. Oft habe ich mir überlegt, ob es eine Option für mich wäre, ein Leben ohne Gott zu führen. Ob es nicht einfacher wäre, weil viele Fragen dann gar nicht im Raum stehen würden.

Und als es damals im Januar 2003 hieß, wir müssten uns entscheiden, nämlich für oder gegen eine Abtreibung, da war für mich nicht nur die Frage, ob wir unser Baby behalten wollen, sondern auch, ob ich Gott in meinem Leben behalten wollte. Würde ich weiterhin an einen guten, wunderbaren und liebevollen Gott glauben, der immer noch einen Plan mit unserem Leben hat? In dem Fall könnte ich im Glauben den Mut aufbringen, das Baby zu bekommen und mich, egal was kommt, an diesem Gott festhalten. Oder würde ich mich gegen ein Leben mit Gott entscheiden, ihm mitteilen, dass er mich als Schöpfer des Universums bitter enttäuscht hat, weil er anscheinend nicht einmal in der Lage war, Arme bei unserem Kind wachsen zu lassen? Dann würde ich mich gleichzeitig für eine Abtreibung entscheiden und alles, was ich dann weiterhin tun und lassen würde, hätte nichts mehr mit einem Leben mit Gott gemeinsam.

„Ich habe Wohlgefallen an Dir, meine Tochter. Meine Liebe ist keine flüchtige Liebe. Sie ist für Dich da in Stunden der Freude und sie ist für Dich da, obwohl Dein Herz voller Traurigkeit und Verzweiflung ist! Habe Vertrauen! Ich bitte Dich, meine Tochter, schau auf zu mir, schau in mein Angesicht, das voller Güte und Liebe für Dich ist. Ich will Dir helfen und Dich stärken! Dein Sohn ist in meiner Hand! Ich liebe Dich, meine Tochter."

Wohin soll ich nur gehen?
Du hast Worte des ewigen Lebens!
Und ich habe geglaubt und erkannt,
dass Du bist Christus, der Gekreuzigte.

Nach Johannes 6,69

Wohin, wenn nicht zu Jesus? Tief in meinem Inneren wusste ich, dass es nichts Besseres gab, als bei Gott zu bleiben. Der Grund, weshalb ich überhaupt so lange schon Christ war, war eine tiefe Sehnsucht, die von nichts und niemandem gestillt werden konnte – als durch und in einer Beziehung zu Jesus. Er war mir begegnet als Freund, als Tröster, als jemand, der mich bis in die Tiefe kannte und der sein Angebot für eine Beziehung teuer mit seinem Tod am Kreuz bezahlt hatte.

Ich wollte das nicht loslassen. Also entschied ich mich auch für unseren Sohn, dem wir jetzt aufgrund der Diagnose den Namen Josia (Hebräisch für „Gott heilt") geben wollten, und warteten ab.

Der Geburtstermin war für den 8. Mai errechnet, der vorgeschlagene Kaiserschnitt aufgrund verschiedener Problematiken wurde für den 25. April 2003 festgesetzt. Bis dahin waren es aber noch drei Monate, in denen jeder Tag ein einziges Auf und Ab war.

Viele Menschen begleiteten diese Zeit im Gebet, wofür ich immer noch sehr dankbar bin.

In der Mitte der Zeit erreichte ich einen Punkt, an dem ich innerlich zu Gott sagte, dass ich es doch nicht schaffen würde.

Die Ungewissheit über das Ausmaß der Behinderung, die Hilflosigkeit und Angst, damit gut umgehen zu können, und gleichzeitig die Hoffnung, es würde sich beim nächsten Ultraschalltermin doch noch alles als ein Spuk herausstellen, ließen mich fast den Verstand verlieren. Ich betete zu Gott um ein Zeichen seiner Liebe. Eine persönliche Zusicherung, dass er mich nicht vergessen hatte und sich zu mir stellte. Es sollte kein Bibel- oder Liedvers sein, der mir einfiel. Nein, ich betete um etwas ganz Persönliches.

Nach meiner Stillen Zeit, die noch stiller war als an den Tagen zuvor, rief mich eine Freundin an und fragte, ob sie mich ein bisschen ablenken könnte. Sie meinte, wir könnten in die Stadt gehen. Außerdem wollte sie mir noch ein Päckchen mitbringen, das durch irgendwen irgendwie schon vor zwei Wochen bei ihr gelandet und für mich bestimmt war. Ich stimmte zu und wollte das Päckchen erst gar nicht auspacken. Es sah nach Babystrümpfen aus, ich wollte keine weiteren Babyklamotten, es tat einfach zu weh. Die Absenderin war mir unbekannt, das Paket kam aus Österreich. Als ich es schließlich doch auspackte, kam ein kleines goldenes Kreuz mit einem Diamanten in einer Schatulle zum Vorschein und eine Karte lag bei.

Die unbekannte Frau schrieb, sie hätte von unserer Situation durch jemanden gehört, und Gott hätte zu ihr gesprochen, sie solle das Kreuz für unseren Sohn kaufen und mir folgende Zeilen schreiben:

Ich habe Wohlgefallen an dir, meine Tochter. Meine Liebe ist keine flüchtige Liebe. Sie ist für Dich da in Stunden der Freude und sie ist für Dich da, obwohl Dein Herz voller Traurigkeit und Verzweiflung ist! Habe Vertrauen! Ich bitte Dich, meine Tochter, schau auf zu mir, schau in mein Angesicht, das voller Güte und Liebe für Dich ist. Ich will Dir helfen und Dich stärken! Dein Sohn ist in meiner Hand! Ich liebe Dich, meine Tochter.

Diese Karte hat mich gerettet. Es war die persönliche Zusage, auf die ich gewartet und die ich so sehr erbeten hatte. Allen anderen quälenden Gedanken zum Trotz: Gott liebte mich – auf eine innige, einzigartige Weise. Die Versicherung seiner Liebe machte es möglich, bis zum 25. April 2003 durchzuhalten, ohne dass ich vorher Gefahr lief, mit dem Auto gegen die Wand zu fahren, mich gehen zu lassen oder depressiv zu werden.

Und dann erwischte mich die Liebe noch einmal, und zwar als ich unseren Josia das erste Mal sah. Hans-Georg und ich verliebten uns unsterblich in dieses Kind. Mein Mann hat manchmal gesagt: „Wir lieben dieses Kind so sehr, dass es wehtut!"

Diese Liebe hat Dinge möglich gemacht, die ich und andere mir niemals zugetraut hätten. Aus Liebe war und bin ich immer noch bereit, für Josia jede Extrameile zu laufen, die nötig ist, und mein letztes Hemd hergeben.

Hans-Georg hat ihm nach der Geburt zugeflüstert: „Wenn ich dir nur meine Arme schenken könnte, ich würde es so gerne tun." – So ist es auch bei unserem Gott: Aus Liebe hat er nicht nur seine Arme hergegeben. Nein, er ist aus purer Liebe für uns gestorben, damit etwas Wunderbares in Ihrem und meinem Leben möglich wird: eine enge, persönliche Beziehung mit Gott – nicht ein Leben ohne Schwierigkeiten.

Durch eine Beziehung zu Gott verwandelt sich das Leben nicht in einen Ponyhof – leider. Es ist weiterhin so, dass Christen auf der ganzen Welt unglaublich viel Leid und Elend ertragen müssen. Jesus spricht in Johannes 1,5 vom Licht, das in der Finsternis leuchtet und das Dunkel erhellt:

„Und das Licht scheint in der Finsternis,
und die Finsternis hat's nicht ergriffen."

Das bin ich bei all meinen unbeantworteten Fragen und unverstandenem Leid bereit zu bezeugen: Sein Licht scheint in die Dunkelheit.

Nicht nur die Menschen, die das Leid direkt trifft, haben Fragen an Gott. Nein, es stellte sich heraus, dass auch unsere Mitmenschen damit große Probleme hatten.

Ich erinnere mich an ein Telefonat, das ich kurz nach der Geburt mit jemandem führte, der so sehr geglaubt und gebetet hatte, dass Josia gesund auf die Welt kommen würde.

Die Enttäuschung war groß und am Ende des Gesprächs dachte ich nur, dass es doch nicht möglich sein könne, dass ich in meinem Zustand jemand anderem Trost zusprechen musste, weil das mit den Gebeten nicht geklappt hatte. Noch schwieriger waren aber die Christen, die mir sagten, sie hätten schon Heilungswunder erlebt, und was Gott für sie getan hätte, das würde er doch sicher auch für uns tun. Eine Frau, die ebenfalls eine schwerwiegende vorgeburtliche Diagnose für ihr Kind erhalten hatte und deren Kind dann gesund auf die Welt kam, setzte mir in diesem Punkt derartig zu, dass ich den Kontakt zu ihr abbrechen musste.

Ja, es ist wahr, Gott kann heilen, und bei dieser Frau und diesem Kind hatte er es getan. Aber die Aussage „... dann wird er auch Josia heilen" ist keine zwingende Schlussfolgerung. Was ist die logische Konsequenz, wenn man einem solchen „Versprechen" glaubt und das Kind wird nicht gesund? Gott hatte bei uns keine Lust, er liebt uns nicht, sondern nur die anderen, die haben besser oder effektiver gebetet ...?

Ich habe auf die Frage, warum Gott Josia nicht geheilt hat –
weder vor noch nach der Geburt –, bis heute keine Antwort. Wir sind durch ganz Europa gefahren, um von Menschen, die übernatürliche Heilungen wie zum Beispiel das Nachwachsen eines Auges u. Ä. erlebt hatten, für Josia beten zu lassen. Einmal standen wir beispielsweise in der Schweiz mit unseren heißbegehrten VIP Karten vor einem Eingang

in der Sonne, um einen guten Platz bei einem sehr bekannten amerikanischen Prediger zu ergattern. Ein ganzes Bataillon von Rollstuhlfahrern wartete in der Halle. Und in jedem Gesicht spiegelte sich die Hoffnung auf Heilung wider. Wie wäre das? Ohne den Rollstuhl, gehend die Halle verlassen? Einfach wunderbar!

Ich werde nie die Enttäuschung in den Augen der aufgereihten Rollstuhlfahrern am Schluss der Veranstaltung vergessen. Auch ich musste mich und meinen Glauben erst einmal wieder neu sortieren. Immer stärker stieg in mir die Bitterkeit und die Wut darüber hoch, dass es Heilung anscheinend tatsächlich gab, aber nicht für Josia. Nach dem x-ten Heilungsgottesdienst gab ich auf, und teilte Hans-Georg mit, dass ich solche Veranstaltungen nicht mehr besuchen würde. Wutschnaubend und giftig hatte ich die letzte Veranstaltung verlassen und lange gebraucht, um wieder auf ein normales Level zu kommen.

Derartige Veranstaltungen dauerten meistens furchtbar lang, waren extrem anstrengend und Josia hatte nach jeder Veranstaltung irgendeine Krankheit: Lungenentzündung, Norovirus und andere Probleme.

Ich beschloß, dass wenn Gott Josia heilen wollte, konnte er das auch zu Hause tun oder wann und wo auch immer er es wollte. Mir war der Menschenkult, den man um die jeweiligen „Heilungsprediger" auf einigen Veranstaltungen gemacht hatte, sehr sauer aufgestoßen. Sie wurden wie Popstars behandelt und konnten doch von sich aus nichts bewirken.

Wir sind seitdem auf keinem weiteren Heilungsgottesdienst mehr gewesen, und ich habe mit Gott Frieden über diesen Punkt geschlossen, indem ich dafür bete und sicher bin, dass Gott sich, wenn er Josia nicht heilt, in besonderer Art in und durch ihn verherrlichen wird. Das ist auch bereits in vielerlei Weise geschehen. Deshalb haben wir auch bei keiner Anfrage für ein Interview oder Bericht über und mit ihm gezögert, weil wir feststellen durften, dass Josias Geschichte und sein Umgang mit der Behinderung Menschenherzen verändert hat.

Josia selbst war erstaunlich entspannt in den Heilungsgottesdiensten, als er schon etwas größer war. Als Baby hatte er meistens einfach nur anhaltend laut geschrien, während jemand versucht hatte, für ihn zu beten.

In einem Gottesdienst durfte er auf die Bühne und wurde gefragt, wofür denn gebetet werden sollte und er sagte: „ich will Dreirad und Fahrrad fahren können!" Der Verantwortliche wusste, dass er keine Knie hatte und sagte dann etwas, was mir damals sehr gut getan hat: „Naja, dann brauchen wir hier wohl keine Heilung, sondern eher ein Wunder!" Diese entspannte Haltung und die Formulierung „brauchen" zeigte deutlich, dass das nicht von ihm abhing und ließ gleichzeitig alle Möglichkeiten für ein Eingreifen Gottes offen.

Es ist eine Herausforderung im Glauben um etwas zu bitten, was allem,
was wir wissen, widerstrebt.
Aber das ist eben Glaube:

*Es ist aber der Glaube eine feste Zuversicht auf das,
was man hofft, und ein Nichtzweifeln an dem,
was man nicht sieht.*
Hebräer 11,1

Ich bewundere alle, die in einer offenbar aussichtslosen Situation anhaltend für sich oder andere Menschen beten und sich nicht beirren lassen.

Hans-Georg hat vor der ersten schweren Beinoperation von Josia sechs Wochen lang gefastet. Einfach um Gott gegenüber auszudrücken, wie ernsthaft unsere Gebete und Bitten sind.

Die erste geplante Beinoperation wurde einige Male verschoben. Josia bekam vor jeder OP entweder Fieber oder hatte irgendeinen schweren Magen-Darm-Infekt. Der Plan war, das rechte Bein, dessen Ober- und Unterschenkel in einer Fehlhaltung falsch zusammen gewachsen waren, zu zersägen und neu zusammenzusetzen. Außerdem sollte aufgrund der Beinlängendifferenz gleichzeitig ein Fixateur (ein Eisengestell, dessen Stange durch das ganze Bein lief und an der Ferse wieder austrat) zur Verlängerung eingesetzt werden, der ein halbes Jahr bleiben sollte. Da wollten die Ärzte natürlich kein Risiko eingehen und ihn nur im gesunden Zustand operieren.

Gleich beim ersten Mal waren wir schon zur OP-Vorbereitung in einer Klinik am Chiemsee, hatten Urlaub genommen, allen Bescheid gesagt, den normalen Kinderwagen verkauft und dann bekam Josia am Vorabend hohes Fieber. Dann hieß es: Abreise und Warten auf den nächsten Termin in ein paar Monaten, denn der Spezialist hatte natürlich nicht viele Kapazitäten frei.

Ich könnte Seiten damit füllen, wie schlimm manches bei uns gelaufen ist – zusätzlich zu unserer ja ohnehin schon sehr belastenden Ausgangssituation mit der körperlichen Behinderung.
Sätze wie: „So etwas ist bisher noch nie passiert!", als Josia eine schwere Entzündung am operierten Bein hatte, ließen mich an manchen Tagen fast wahnsinnig werden.

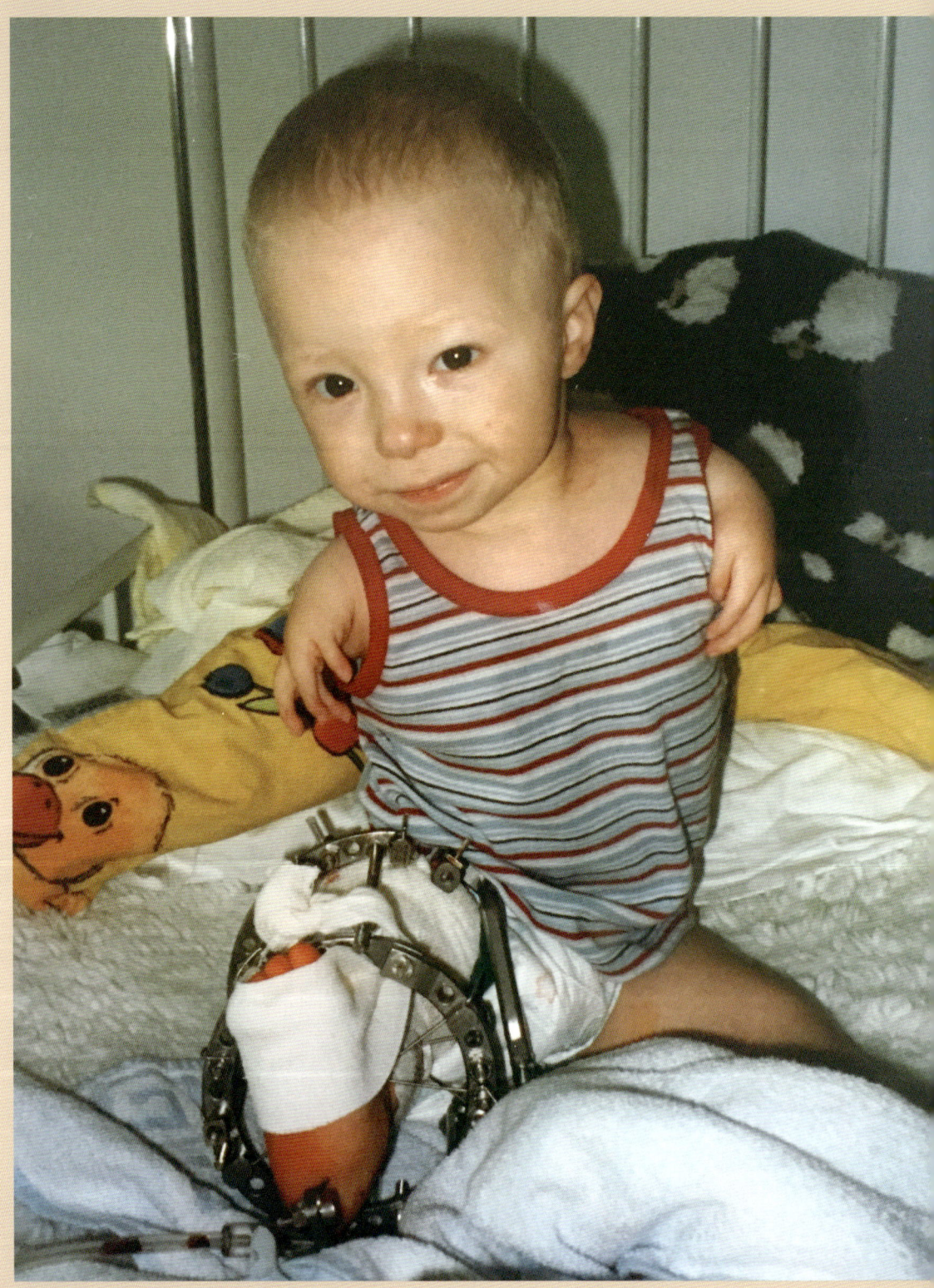

In Josias ersten Lebensjahren verbrachten wir teilweise über 100 Tage stationär in einer Klinik.

Über viele Jahre hinweg hatte ich einen sogenannten Notfallkoffer, der mit Anziehsachen und anderen Dingen gepackt in der Wohnung stand, weil wir so oft mitten in der Nacht plötzlich, weil sich Josias Zustand so sehr verschlechterte, Hals über Kopf in die Klinik mussten.

Wir waren so oft an Weihnachten in Quarantäne im Krankenhaus, dass wir beschlossen haben, Weihnachten in unserer Familie nicht zu feiern, damit Josia nicht jedes Mal traurig war, wenn er wieder Mal keine Weihnachtsrituale mitmachen konnte.

Was will ich eigentlich mit alldem sagen? Ich möchte gerne ehrlich darüber berichten, wie schlecht es laufen oder einem gehen kann, auch wenn man Christ ist. Ich möchte darüber reden, dass ich vieles nicht verstehen kann. Wir sind teilweise in unserem Leid und unserer Belastung fast ertrunken und ich möchte das so ehrlich sagen, um anderen Menschen, denen es genauso geht, Mut zu machen.

In Gesprächen über erlebtes Leid sind mir immer wieder Christen begegnet, deren Glaube fast daran zerbrochen ist oder die sich immerzu Dinge schönreden mussten, um Christen bleiben zu können. Sie konnten den Zugang zu einem liebevollen Gott, der es gut mit ihnen meint, nicht mehr finden.

Wir haben gebetet, proklamiert, gefastet und geglaubt, wir haben unsere christlichen Muskeln spielen lassen, wir haben einen Gebetstag unter Freunden, Bekannten und Kirchen für Josia veranstaltet, Fürbitter weltweit angeschrieben, Heilungsgottesdienste besucht. Wir haben alles getan, was uns einfiel und dazu alle Mittel und Möglichkeiten der Medizin, der Forschung und Versorgung ausgeschöpft.

Als ich einmal mehr verzweifelt dasaß und Gott um Hilfe bat, kam mir Petrus in den Sinn. Petrus war ein heißblütiger Nachfolger Jesu. Und am Ende war er es, der ihn dreimal verleugnete. Warum hatte er das getan? Er hatte sich das Ganze mit Jesus anders vorgestellt – vor allem das Ende! Jesus sollte die Römer verjagen, er war doch der verheißene Messias, der Retter. Petrus wusste, zu was Jesus fähig war: Totenauferweckungen, Heilungen, Stillung des Sturmes. Jesus konnte alles.

Warum ließ er sich jetzt in so einer erbärmlichen Art und Weise zu Tode bringen? Er war enttäuscht – von Jesus und von sich.

Nach seiner Auferstehung begegnet Jesus Petrus am Ufer des Sees Tiberias. Jesus stellt ihm dreimal nur diese eine Frage: „Hast du mich lieb?" Und auch mich fragte er – mitten in meiner Wut darüber, dass er doch konnte, aber anscheinend nicht wollte: „Hast du mich lieb, Wiebke? Liebst du mich, auch wenn dein Leben und deine Gebete nicht so beantwortet werden, wie du es dir vorstellst?"

Mir wurde klar: Bei unserem Glauben geht es um Beziehung, um eine Liebesbeziehung zu Jesus und nicht in erster Linie um erhörte Gebete. Will ich Jesus trotzdem nachfolgen, auch wenn …

Ich glaube, wir haben noch nicht annähernd ausgeschöpft, was diese Beziehung bzw. dieses überragende Liebesangebot uns geben und ausfüllen kann und wie wir dann frei und über Umstände gesetzt werden, sodass diese in einem ganz anderen Licht erscheinen. Dieser intensiven Beziehung will ich nachjagen.

Wie der Psalmist es so schön sagt:
„Meine Seele dürstet nach dir, mein ganzer Leib verlangt nach dir.
Wann werde ich dich sehen?" (Nach Psalm 42,2–3)

Ich bin leider ein Mensch, der eher schwarz-weiß denkt und auch Erlebnisse so weitergibt. Es täte mir deshalb sehr leid, wenn hier der Eindruck entstehen würde, dass Gebet sinnlos ist oder nie erhört wird. Nein, es gibt klare Anweisungen zu und Aussagen über das Gebet in der Bibel. Davon will ich keinerlei Abstriche machen, wenn es auch Mut und Glauben erfordert, in Danksagung all unser Bitten und Flehen vor ihn zu bringen, wie es in Philipper 4,6–7 heißt. In Notsituationen, wenn wir unter starkem Druck stehen, bewirkt ein unerhörtes Gebet aber etwas ganz anderes, als wenn es uns gut geht.

Ein Stoßgebet für einen Parkplatz ist etwas anderes, als für einen geliebten Menschen zu beten, der an Krebs erkrankt ist. Der freie Parkplatz, den man einfach nicht findet, wirft nicht so viele Fragen auf. Aber wie gehen wir mit Gebet, mit Glauben und mit der Beziehung zu Gott um, wenn es um mehr geht? Bringt es uns ihm näher oder entfernen wir uns enttäuscht und mit Wut im Herzen? Beten wir das nächste Mal wieder oder geben wir auf?

Ich möchte noch eine Geschichte aus dem Krankenhaus anfügen, um aufzuzeigen, wie wichtig Gebet ist, und dass wir zwar manchmal keine direkte Antwort bekommen, es aber dennoch einen Unterschied macht. Als Josia am anderen Bein operiert worden war und er schier unerträgliche Schmerzen hatte, stand ich die ganze Nacht neben seinem Bett, über ihn gebeugt, damit er nicht alleine war, und betete einfach leise vor mich hin, weil mich sein Zustand so jammerte. Jedes Mal, wenn ich eine Pause machte, schlug er die Augen auf und sagte: „Du musst weiter beten, Mama, sonst wird es schlimmer!"

Beten Sie weiter, und glauben Sie an einen großartigen Gott, der großartig bleibt, auch wenn es anders kommt.

Josia hatte einmal einen Traum, der in einem Artikel in der Zeitschrift ethos (Ausgabe 1/2015; www.ethos.ch), vor einigen Jahren abgedruckt wurde:

EINES MORGENS KAM MEIN DAMALS VIERJÄHRIGER SOHN ZU MIR UND SAGTE, ER HABE VON JESUS GETRÄUMT. JESUS SEI IHM BEGEGNET UND HABE MIT IHM ÜBER SEINE BEINE GESPROCHEN.

ICH FRAGTE IHN GANZ AUFGEREGT, WAS JESUS DENN DARAUF GEANTWORTET HABE – IN DER HOFFNUNG, DASS ER SAGEN WÜRDE, GOTT WERDE DIE BEINE HEILEN ODER ETWAS IN DER RICHTUNG.

ABER JOSIA STRAHLTE MICH AN UND SAGTE: „ICH HABE JESUS ALLES ERZÄHLT, UND ER HAT GESAGT, ER SAGT ES GOTT!" ER SCHIEN SEHR ZUFRIEDEN MIT DIESEM GESPRÄCH ZU SEIN.

ICH WAR ES NICHT. ICH HAKTE NACH UND FRAGTE: „NA, UND JETZT?" DIE ANTWORT MEINES SOHNES WERDE ICH NICHT VERGESSEN: „JA, ER WEISS ES JETZT, DAS REICHT!"

Dieser Satz hat mich sehr berührt und mein Herz beruhigt.
So, wie es in dem Anbetungslied heißt:

„Jesus, Du allein bist genug. Du bist alles für mich.
Jesus, öffne mein Herz, lass mich seh'n und versteh'n,
dass Du mich liebst."

Leid macht etwas mit uns. Es verändert nicht nur eine Lebenssituation, sondern auch den Menschen in der Situation. Im Englischen gibt es folgenden Spruch, wenn jemand Leid oder Rückschläge erleidet:
You will get bitter or better.

Zu Deutsch: Entweder wirst du bitter oder besser. Die gute Nachricht ist, dass wir eine Wahl haben: Wir können uns entscheiden, ob wir uns von Bitterkeit auffressen lassen oder uns von Gott durch diese Zeiten zu einem Menschen verändern lassen wollen, der besser mit diesen Situationen umgehen kann. Ich habe mir fest vorgenommen, nicht bitter zu werden.

Mein größter Sieg im Leid ist die Ehrlichkeit. Das bedeutet nicht, dass man sich jeden Tag den Puls fühlen muss.

Nein, man muss einfach ehrlich mit sich selbst sein: Habe ich meinen Schmerz verarbeitet oder verdränge ich ihn immerzu?

Gibt mir mein Glaube wirklich Hoffnung oder hat er eigentlich keine Substanz mehr?

Wie viel kann ich tragen oder ertragen? – Das kann von Mensch zu Mensch unterschiedlich sein und unterliegt keiner Wertung. Als Josia auf die Welt kam, sagte mir ein Trauma-Berater, dass es ganz normal sei, wenn man ein ganzes Jahr bräuchte, um das Ereignis, ein behindertes oder krankes Kind bekommen zu haben, zu betrauern.

Ich war damals sehr froh über diese Aussage, denn gerade unter Christen wird oft so eine Steh-auf-Mentalität verlangt, koste es was es wolle. „Wir haben doch Jesus, Jesus musste auch leiden!"

Das ist richtig. Dennoch ist es absolut ungesund aufgrund von theologischen Einsichten, die Trauer einfach permanent zu ignorieren.
Ich habe getrauert.

Obwohl ich das süßeste Kind der Welt bekommen und mich daran sehr erfreut habe. Bei vielen Menschen stieß diese Trauer auf Unverständnis und sie konnten nicht damit umgehen. Angefangen bei einer Ärztin, die mir noch im Krankenhaus aufs Zimmer geschickt wurde, um mit mir über meine ausgeprägte Schwangerschaftsdepression zu sprechen. Die Schwestern hatten mich weinen gehört.

Die Ärztin wollte sichergehen, dass ich nicht aus dem Fenster springe. Ich teilte ihr mit, dass ich einfach nur traurig darüber sei, dass mein Kind nicht gesund ist, die letzten Wochen seit der Diagnose sehr anstrengend waren und ich in Ruhe weinen wollte.

Sie ließ sich von mir nicht überzeugen und hielt an der Diagnose der postnatalen Schwangerschaftsdepression fest.

Dann wiederum gab es eine andere Ärztin – aus der Kinderklinik –, die sich einfach auf einen Stuhl in meinem Krankenhauszimmer setzte, zu mir herüber schaute und nach einer halben Stunde an mein Bett trat und sagte: „Wenn es Ihnen wieder besser geht, Frau Topf, dann kommen Sie zu mir und dann werden wir in Ruhe alles Weitere für Josia miteinander besprechen. Erholen Sie sich erst einmal!"

Solche Menschen sind wie Engel. Sie nehmen wahr und reden es nicht klein, dass es einem nicht gut geht, ohne dass sie vor Mitleid zerfließen. Sie haben den Mut, sich das Leid anzuschauen. Wenn sie darüber hinaus noch fachliche, medizinische Hilfe anbieten können, ist das wie ein Lottogewinn.

Ich habe immer wieder gesagt, dass wir kein Mitleid brauchen, denn unser Josia ist ein Traum. Aber Mitgefühl, herzliches Mitfühlen ist wunderbar. Und Menschen, die konkrete Hilfe anbieten oder einen Kaffee im Krankenhaus vorbeibringen, sind wahre Schätze.

Wenn man ständig im Krankenhaus ist, hören die Leute irgendwann auf zu fragen, wie es denn geht, weil es sie frustriert und sie nicht wissen, was sie sagen sollen, weil es immer noch nicht besser ist – oder vielleicht nie besser wird.

Mit Leid können viele Menschen nicht umgehen. Ich habe durch meine Geschichte verstanden, dass es immer richtig ist, für jemanden zu beten, aber dass eine menschliche Geste in jeglicher Form auch wie eine Umarmung Gottes sein kann und dringend notwendig ist. Wer das mehr oder weniger von Anfang an bis heute in unglaublicher Weise tut, ist unsere Bianca.

Sie kam nach dem Segnungsgottesdienst von Josia, als er knapp drei Monate alt war, auf mich zu und sagte: „Ich möchte gerne noch etwas anderes tun außer beten. Ich kann ganz gut nähen. Du könntest mir Kleidungsstücke zum Umnähen bringen, wenn Du möchtest."
Seit 17 Jahren näht sie alles um, was Josia zum Anziehen braucht. Kostenlos! Und das ist gar nicht so einfach, da Josia zwei unterschiedlich lange und verschieden geformte Ärmel benötigt.

Die meisten Menschen denken, wir würden die Sachen von der Stange kaufen, doch davon passt leider gar nichts. Josia besitzt nun nicht nur maßgeschneiderte T-Shirts und Jacken, nein er hat sogar Anzüge. Bianca näht ohne Maß zu nehmen. Wir danken Gott, dass wir sie haben!

An Josias ersten Geburtstagen, an denen mich die Erinnerungen an den Tag seiner Geburt und die Ungewissheit der Diagnose mit großer Traurigkeit erfüllte, hat Hans-Georg mir jeweils ein Geschenk gemacht. Schöne teure Schuhe zum Beispiel, die ich mir selbst nicht leisten wollte.

Ich schämte mich dafür, dass ich diesen Tag nicht als großen Tag feiern konnte, aber er meinte, das wäre nicht schlimm. Es wurde jedes Jahr besser und heute freue ich mich im Vorfeld manchmal mehr auf Josias Geburtstag als er selbst.

Vieles verheilt, aber es bleiben Narben. Die muss man pflegen, und wenn sie wieder aufbrechen, muss man sie verarzten, sonst fangen sie an zu eitern und großen Schaden anzurichten.

Vor Josias großen Operationen, bei denen wir ihn nackt in ein Handtuch eingewickelt in einem Keller einem vermummten Mann über eine Theke reichen mussten, bekam ich immer wieder schlimme Krankheitssymptome verschiedenster Art. Sie verschwanden regelmäßig wieder nach den Operationen, waren einfach ein Gradmesser dafür, dass es zu viel war. Nach längeren Krankenhausaufenthalten gab es Zeiten, in denen ich hysterisch anfing zu weinen, wenn irgendeine Alltagskleinigkeit nicht so funktionierte, wie sie sollte, zum Beispiel wenn die bestellte Waschmaschine nicht pünktlich geliefert wurde. Auch ein Zeichen dafür, dass ich „drüber" war.

Als die erste große Beinoperation von Josia zum wiederholten Mal wegen Krankheit abgesagt werden musste, war ich kurz vor einem Nervenzusammenbruch. Die ganze Anspannung vor der OP, und dann: wieder nichts.

Hans-Georg hatte schließlich eine Idee, für die ich ihm heute noch sehr dankbar bin. Er sagte, ich solle einfach zum Flughafen fahren, einen Flug

und ein Hotel in der Sonne buchen und erst nach vier Tagen zurück-
kommen. Josia würde er übernehmen.

Mein Schwiegervater steckte mir Geld zu und meinte, dass ich alles aus-
geben sollte und mein Vater verabschiedete sich von mir am Flughafen
per Telefon mit den Worten: „Tu einfach so, als ob es uns alle nicht gäbe!"

Das habe ich gemacht. Ich flog damals nach Mallorca. Dort konnte ich
einmal richtig auftanken. Ich fand dort einen Platz direkt am Meer auf
einem großen Felsen, an dem ich mich immer wieder mit Gott traf.
Jedes Mal saß ich auf dem Stein und sagte zu Gott: „Ich gehe nicht, ehe
wir nicht über dies und das gesprochen haben und ich eine Lösung
habe!" Ich erinnere mich an ein Gespräch mit ihm dort, als ich ihn
fragte, was ich gegen diese permanente Überlastung tun könne.

Wir hatten damals viele Termine: Physiotherapie, Frühförderung, Reit-
therapie, Musiktherapie, Ergotherapie, osteopathische Behandlungen,
Termine für die Schiene, Arzttermine etc., und das alles mehrmals in
der Woche. Alles wichtige Termine! Wir wollten Josia ja maximal fördern
und ihm alles zukommen lassen und möglich machen, was er brauchte.
Manchmal hatten wir zwei bis drei Termine an einem Tag. Wartezeiten
und Ortswechsel inbegriffen.

Ich war oft am Limit. Gerade in der Zeit, in der ich den Fixateur am Bein
duschen, desinfizieren und das Bein behandeln musste. Das allein nahm
meist schon über eine Stunde in Anspruch.

Als ich also auf meinem Felsen an der Küste Mallorcas saß und mit Gott
darüber sprach, hörte ich in mir ganz klar eine Stimme, die mir sagte:
„Ich habe dir doch einen funktionierenden Verstand gegeben. Du musst
Dinge entscheiden! Wenn es dir zu viel ist, sag Termine ab!" Tja, so einfach kann es sein. Warum war ich nicht selbst darauf gekommen?

Ich hatte es mich einfach nicht getraut. An mir sollte es doch nicht liegen, dass Josia nicht optimal gefördert wurde!

Ich musste mir eingestehen, dass ich so viel einfach nicht tragen konnte und nicht permanent maximal belastbar war. Ich dachte auch, dass ich durch meine Beziehung zu Gott einfach mehr ertragen können müsste. Aber das war anscheinend gar nicht so.

Nach diesem Mallorca-Aufenthalt beschloss ich, nur noch einen Therapietermin am Tag für und mit Josia wahrzunehmen. Auch wenn ich manchmal zu hören bekam, dass es schon gut wäre, wenn wir öfter zur Therapie kämen, habe ich mich strikt an diese Regel gehalten, und es hat mir geholfen, nicht zusammenzubrechen.

Für mich ist deshalb die ehrliche Einschätzung ganz wichtig geworden, wie es mir wirklich geht, und nicht, wie es mir als Christ in dieser Situation gehen sollte. Auch Vergleiche wie: Die und die schafft das doch auch und ist gut drauf, sind eher kontraproduktiv, denn davon wird nichts besser.

Wenn man ein chronisch krankes oder behindertes Kind hat, ist man oft bereit, in Bezug auf sich selbst enorm an Liebe zu kürzen. Das Kind steht mit seinen Bedürfnissen dauerhaft im Vordergrund und man kommt sich schäbig vor, wenn man eigene Bedürfnisse äußert, egal, wie klein sie sind.

In vielen Gesprächen mit Müttern, die Kinder haben, die sehr viel mehr von einem fordern als das Übliche, ist mir etwas aufgefallen und ich fand es bezeichnend, dass praktisch alle diesen Zustand folgendermaßen beschrieben haben:

„Ich habe das Gefühl, mich gibt es gar nicht mehr. Von mir ist nichts mehr übrig. Es existiert nur noch mein Kind und dass es ihm gut geht. Ich weiß gar nicht mehr, wer ich eigentlich bin." Das kann ganz schnell passieren.

Deshalb rate ich solchen Frauen, eine Sache festzulegen, auf die sie auf keinen Fall verzichten können oder wollen, um sich nicht zu verlieren.

Meine drei Punkte, auf die ich nicht verzichte, sind: Kaffee, Duschen, Schminken. Diese drei Sachen müssen jeden Tag sein, das ist das Mindeste, was ich mir gönne, um mich nicht zu verlieren.

Auch wenn das schon mal heißt, dass ich um 5 Uhr morgens im Krankenhaus duschen muss, weil ab 6 Uhr die Dusche dauernd besetzt ist. Kein Problem. Ich bin genauso wichtig wie Josia. Wenn ich nicht nach mir schaue, wird es für Josia nicht besser, sondern schlechter. Je besser es mir geht, desto besser wird es auch ihm gehen.

Regelmäßige Auszeiten, Zeiten mit einer Freundin, Seelsorge, regelmäßige Massage, Spaziergänge, Städtereisen, ein gutes Buch lesen, entspannte Zeit mit dem Partner... Dinge, die einem aufhelfen und Freude machen und ausdrücken, dass man sich wert schätzt. (Nicht alles davon gleichzeitig ...) Dabei gilt meistens: Ich muss etwas anderes weglassen, loslassen oder einen Preis dafür bezahlen.
Hier ein paar Beispiele:

Weglassen:
Mein Kind muss nicht jeden Tag komplett mit Duschen, Haare waschen, Cremen und einem Verwöhnprogramm gepflegt werden. Ich kann es auch mal zu meinen Gunsten reduzieren (fällt mir sehr schwer – aber es stimmt!)

Loslassen:

Ich muss nicht immer alles selbst machen, ich kann es auch jemand anderem überlassen, der es dann aber vielleicht nicht so macht, wie ich es mir vorstelle. (Hans-Georg zieht Josia nicht so an, wie ich das tun würde, aber immerhin ist Josia hinterher angezogen.)

Einen Preis bezahlen:

Wenn ich mich in Ruhe duschen, pflegen und frisieren o. Ä. möchte, muss ich vielleicht den Preis zahlen, dafür früher aufstehen zu müssen.

Dabei ist es ganz wichtig, sich selbst kennenzulernen und Zeichen wahrzunehmen, die ankündigen, dass es einem nicht gut geht, dass es zu viel ist. Wenn man das frühzeitig entdeckt, kommt man nicht dauernd an seine Belastungsgrenze oder überschreitet sie ständig.

Grenzen verschieben sich allerdings auch. Das, was ich vor zehn Jahren locker bewältigt habe, geht vielleicht jetzt einfach nicht mehr.

Ich habe gelernt, dass ich Notsituationen vermeiden muss, da unser alltäglicher Level an Belastung sowieso schon hoch ist.

Deshalb gehe ich regelmäßig zur Massage. Ich vermeide im Vorfeld, dass mein Rücken und meine Wirbel wieder so überlastet sind, dass ich in die Notaufnahme muss und mich wochenlang mit extremen Schmerzen herumschleppe. Davon hat niemand etwas.

Wenn man anfängt, sich ehrlich einzugestehen, dass die Kräfte am Ende sind, ist man vielleicht auch in der Lage zu sagen: „Nein, ich kann zur Feier keinen selbst gebackenen Kuchen mitbringen, kann aber gerne einen kaufen oder bringe eben nichts mit." Nein zu sagen, ohne sich schuldig zu fühlen oder schlecht von sich zu denken, ist ein Lernprozess.

Es ist hilfreich, wenn man sich vollkommen von dem befreit, was andere über einen denkt. Ganz besonders die Pflege der „Aussenschale" trägt dazu bei, sich selbst wieder mehr zu lieben und sogar von sich begeistert zu sein. Manchmal gibt ein gutes Make-up auch ein bisschen inneren Halt. Ich meine damit keinen Egotrip. Nein, eine gesunde Selbstliebe.

Nach einem meiner Vorträge kam eine Frau auf mich zu, die sich bei mir entschuldigen wollte. Sie sagte, es tue ihr sehr leid, dass sie mich so abgestempelt habe. Ich hätte auf sie wie so ein blondes, gestyltes Modepüppchen gewirkt, als sie mich hereinkommen sah.

Dann habe sie wirklich einen Schock bekommen, als man ihr mitteilte, dass ich die Referentin zum Thema „Leid" sei und sich geschämt, als sie meine Geschichte hörte. Deshalb wolle sie sich jetzt bei mir entschuldigen.

Durch meinen Auftritt und meine Erscheinung hatte sie sich bereits eine Meinung über mich gebildet. Und die passte auf keinen Fall zu einem schwer behinderten Kind.

Ich habe mehrfach solche Begegnungen auf verschiedene Arten erlebt. Das Gute daran ist, dass nicht die anderen Menschen entscheiden, wie ich mit leidvollen Erfahrungen und Schwierigkeiten umgehen muss und wie ich mein Leben gestalte, sondern ich selber.

Und dass ich an meiner Seite einen unglaublichen Gott habe, der nicht nur Unmögliches möglich machen kann, sondern so manches Mal humorvoll und kreativ zeigt, dass er sehr individuelle Menschen geschaffen hat.

Und mein ganz persönlicher Gradmesser für meine Belastung ist: muss ich wieder mal nach Mallorca?

Wir haben wilde Sachen im Zusammenhang mit Josias Behinderung erlebt. Einmal warteten wir am Nürnberger Hauptbahnhof auf Hans-Georg, da kam ein Obdachloser ohne Zähne vorbei und wollte Josia unbedingt Geld schenken. Wieder und wieder rief er aus: „Armer Junge, armer Junge!"

Ich erklärte ihm, dass das kein armer Junge sei und dass er bitte sein Geld für sich behalten solle. Er sei in diesem Fall der Arme.

Dann ging er und kam mit einem Stofftier für Josia zurück, das er von dem Geld gekauft hatte.

Wir hatten mehrere Begegnungen, bei denen sich Leute bekreuzigt und laut aufgeschrien haben, als hätten sie wer weiß was gesehen.

Ein junger Mann fragte mich sogar, ob ich mit meinem Bruder geschlafen hätte, da solcher Art Behinderungen oft im Bereich von Inzest vorkommen.

Fremde Menschen haben mich angesprochen und gefragt, ob ich das mit den Tabletten nicht gewusst hätte, das sei doch schon so lange her. Das wüsste man inzwischen doch. Sie glaubten, Josia wäre ein sogenanntes Contergan-Kind. Einmal belästigte uns eine Frau auf einer Parkbank, auf der wir beide uns zum Essen hingesetzt hatten, so sehr, dass Josia mir ein Versprechen abverlangte: Sobald jemand mit Contergan anfängt, stehen wir auf und gehen. Wir gehen auf kein Gespräch ein. Das haben wir seitdem auch immer so gemacht.

Wenn die Leute in den Kinderwagen schauten, meinten viele, ich solle das Kind doch nicht so stark in die Decke einwickeln, man sähe ja gar nicht, dass es Arme hat ...

Eine wildfremde Frau lief mir in der Fußgängerzone nach und über-
schüttete mich mit ihrer Meinung zu Josias Behinderung. Sie hielt mich
fest und redete und redete.

Nicht immer konnte ich auf solche Attacken gut reagieren.

Diese Frau aber hatte wirklich die Grenze überschritten. Ich sah sie an
und sagte: „Merken Sie, wie sehr Sie sich gerade daneben benommen
haben?" Sie fing an zu stottern und meinte auf einmal, dass ich das ganz
toll machen würde, dass das ja eine ganz große Aufgabe wäre, dass das
ein wirklich süßes Kind sei ...

Ich weiß nicht, warum so viele Leute glauben, uns ihre Meinung zu
unserem Kind aufdrängen zu müssen. Ich sage doch auch niemandem,
der mir fremd ist, dass er stinkt oder zu dick ist oder dass ich seine Jacke
nicht schön finde. Wie käme ich auch dazu?

Noch unangenehmer empfinde ich es, wenn Menschen die Grenzen
nicht nur verbal verletzen, sondern Josia ungefragt anfassen.

Häufig gibt es auch immer wieder schwierige und schmerzhafte Begegnungen mit anderen Kindern.

Ein Kind verlor seine Mutter beim Einkaufen in einem großen Super-
markt, weil es uns penetrant nachlief.

In einem Restaurant verbrachten wir die Hälfte der Zeit mit einem Kind,
das wortwörtlich an unserer Tischkante hing und Josia anstarrte. Die
Eltern saßen daneben und taten so, als ginge sie das alles nichts an.
Irgendwann sagten wir dem Kind dann, es solle jetzt gehen, es hätte
genug gesehen.

Natürlich würden wir uns wünschen, dass sich bei Vorkommnissen wie
den gerade geschilderten die jeweiligen Eltern einschalten würden und

ihr Kind beiseite nehmen, ihm erklären, was da anders ist und dass man trotzdem nicht auf ein solches Kind zeigt.

Josia und ich meiden inzwischen große Gruppen von kleinen Mädchen. Zu viele schlechte Erfahrungen haben wir bereits mit der Altersgruppe 4- bis 6-Jähriger gemacht. Lautes Lachen, mit dem Finger zeigen ...
Es ist wirklich anstrengend.

Eine Babysitterin ging, nachdem sie länger nicht mit Josia unterwegs gewesen war, wieder einmal mit ihm ein Eis holen. Als die beiden zurückkamen, sagte sie: „Ich wusste gar nicht mehr, wie das ist. Die ganze Zeit überlegt man, ob irgendetwas an einem nicht richtig sitzt. Dann merkt man, dass sie Josia anstarren.“

Als Josia wegen einer schlechten Schulnote sehr bedrückt nach Hause schlich, sagte ich ihm, dass ich sehr stolz auf ihn bin und er von mir eine Medaille bekommt. Nicht für seine schlechte Note, sondern, weil er sich nicht unterkriegen lässt, weil er jeden Tag in die Schule und ins Schwimmbad geht und sich zeigt, egal wie die anderen darauf reagieren.

Ein kleines süßes Mädchen ging bei einem Schwimmwettkampf ungefähr zehnmal an uns vorbei, blieb stehen, schaute Josia an, lächelte ihn auf entzückende Weise an und ging weiter. Nach ein paar Minuten wiederholte sich der Prozess. Dann blieb sie stehen, stemmte die Arme in die Hüfte und schrie begeistert: „Jetzt weiß ich's, ich weiß, was bei dir anders ist: die Arme. Sehr besorgt fragte sie dann, ob die denn noch wachsen würden. „Nicht sehr viel mehr“, antwortete Josia. Sie ging erst, als er ihr hoch und heilig versprach, er würde sich bei ihr melden, wenn sie wachsen würden.

Es ist verständlich, dass Kinder wissen wollen, was denn da passiert ist. Viele Kinder fragen hartnäckig nach, weil ihnen die Antwort, dass

Josia schon so geboren wurde, nicht genügt. Bei einem Unfall kann man sagen, dass da zum Beispiel ein Auto drüber gefahren ist. Das stellt Kinder sehr viel eher zufrieden. Neugierde wie bei diesem Mädchen ist verständlich und erträglich. Ungehobeltes und übergriffiges Verhalten nicht.

Es ist natürlich von unser beider Tagesform abhängig, wie wir auf unsere Umwelt reagieren. Immer wieder muss ich mich zusammenreißen, und manchmal werde ich von Josia ermahnt, dass ich bitte nicht schon wieder ausflippen soll, weil ein Nichtbehinderter auf dem Behinderten- parkplatz steht.

Ich kann das einfach nicht verstehen. Oft vermischt sich das Ganze auch mit der Wut über unsere Situation. Dass wir leider auf so einen Parkplatz angewiesen sind und diese Leute gar nicht wissen, wie glücklich sie sein können, dass sie diesen Ausweis, der einen berechtigt, einen solchen Parkplatz in Anspruch zu nehmen, nicht benötigen. Ich würde gerne auf einem normalen Parkplatz parken und zu meinem Kind sagen: „Hopp, lauf schon mal, ich hol dich dann in zwei Stunden wieder ab!" Das geht bei uns nicht.

Ich habe mir inzwischen große Zettel ausgedruckt, auf denen steht: „Bitte parken Sie nicht auf einem Behindertenparkplatz! Danke."

Die hänge ich dann hinter den Scheibenwischer und atme tief durch. Gestern habe ich es dann doch nicht mehr ausgehalten und habe zu einem Mann ohne Ausweis und ohne Behinderung, der auf zwei hin- tereinander liegenden Behindertenparkplätzen so stand, dass kein weiteres Auto mehr dort parken konnte, gesagt: „Sie haben recht, wenn man nicht behindert ist, dann wenigstens behindert einparken." Zufrie- denstellend ist das nicht. Und Josia schämt sich in solchen Situationen manchmal für mich.

Wenn es uns gut geht, winken wir Leuten, die uns anstarren, zu oder wir wünschen ihnen einen schönen Tag. Manchmal stellen wir uns auch vor und sagen: „Hey, ich bin der Josia; das ist meine Mama. Und wie heißt du?" Das stiftet meistens ausreichend Verwirrung.

Legendär ist in diesem Zusammenhang auch eine Begebenheit bei unserem Orthopädietechniker, als ein kleiner Junge immer wieder auf Josia zeigte und sagte: „Der Junge ist kaputt!"
Josia stellte sich vor ihn hin, schaute ihn lange an und sagte dann mit einem süffisanten Unterton: „Ja, und du trägst eine Brille!"
Daraufhin zog die Mutter des Jungen hektisch an ihrem Sohn und sagte: „Ja, ja, so ist das, der eine hat kurze Arme, der andere ein Brille."

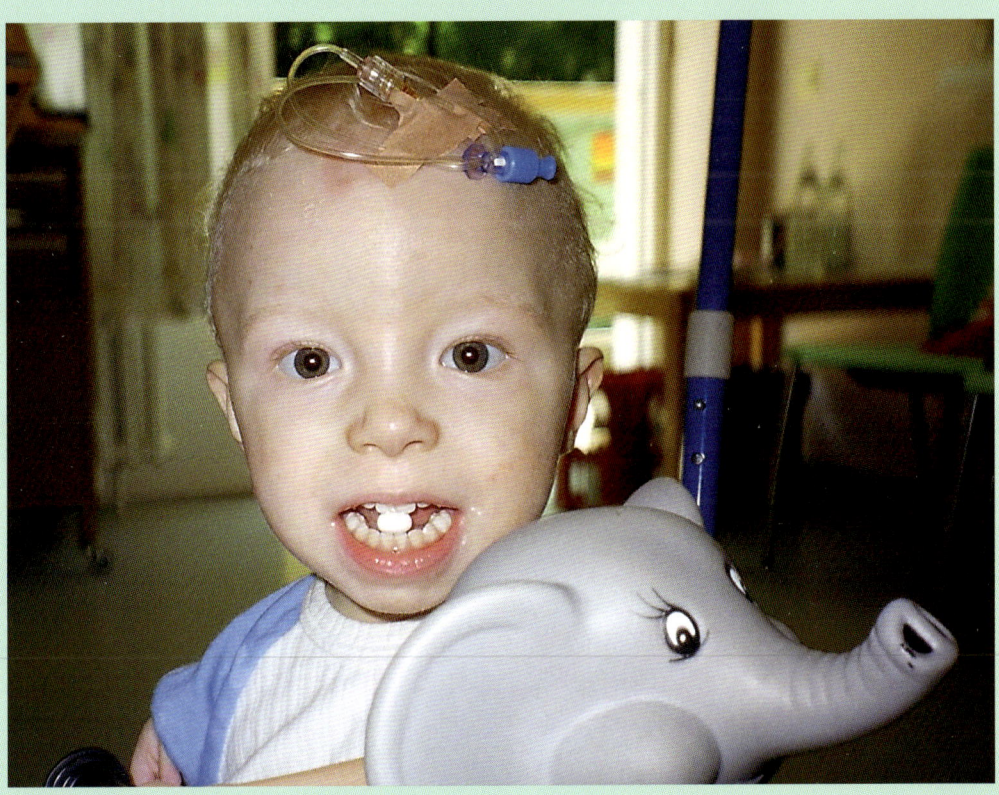

Ein Film von Michael Bernstein

Ich bin nicht kaputt
Josia und die Inklusion

Als Wiebke Topf in der 25. Schwangerschaftswoche erfährt, dass sie ein schwerbehindertes Kind erwartet, war sie wie vor den Kopf geschlagen. Für sie und ihren Mann Hans-Georg war es aber letztlich klar, dass sie dieses Kind auf jeden Fall bekommen und die medizinisch mögliche und empfohlene Abtreibung auf keinen Fall machen würden.

Am 25. April 2003 kommt Josia auf die Welt, ohne Arme, mit Händen, die zwar fünf Finger haben, aber keine Gelenke, und Beinen, die ohne Gelenke steif und zu kurz sind. Diagnose: TAR-Syndrom.

Inzwischen ist Josia acht Jahre alt und ein lebhafter und fröhlicher Junge. Er besucht die Grundschule in Bubenreuth, reitet, schwimmt, spielt Waldhorn und hält mit seiner ungebremsten Vitalität seine Eltern auf Trab. Für die Kampagne der Aktion Mensch zur Inklusion wird Josia ausgewählt und fotografiert. Das macht ihm viel Spaß, denn er weiß genau, worum es geht. Wenn jemand sich über seine äußere Erscheinung wundert, sagt er bloß: "Ich bin nicht kaputt" und lenkt das Gespräch auf ein anderes, lustigeres Thema z.b. über neue Spiele für seine Wii-Konsole.

Ende Juli wurde Josia an seinem linken Bein operiert. Es ist bereits die 9. OP an einem seiner Beine. In den großen Ferien muss Josia neu lernen zu laufen, damit er im Herbst wieder ganz normal in die Schule gehen kann. Wie ernst es der Schule mit der Inklusion von Josia ist, wird an einer scheinbar unbedeutenden Kleinigkeit greifbar: Die 3. Klasse, in die Josia geht, wird nicht, wie sonst üblich in die erste Etage ziehen, sondern im Erdgeschoss bleiben. Das war vor allem für manche Eltern keine ganz leichte Entscheidung.

KAMERA JOHANNES STRAUB TON MARINA SAMOKHINA, MONIKA KNIRSCH MONTAGE ANJA SCHÜRENBERG, MJCO ZUBER REGIE MICHAEL BERNSTEIN REDAKTION RAMONA SIRCH PRODUKTION ABM - ARBEITSGEMEINSCHAFT BEHINDERUNG UND MEDIEN 2011 IN ZUSAMMENARBEIT MIT DER AKTION MENSCH © 2018

Sprache	Laufzeit	Video Aspect	Auflösung	
deutsch	28 min	16:9	720 X 576	Alle Urheber- und Leistungsschutzrechte vorbehalten. Der Verkauf, die Weitervermietung, Tausch oder Rückauf, öffentliche Vorführung, Sendung und Vervielfältigung oder sonstige gewerbliche Nutzung sind nicht gestattet, es sei denn, es liegt eine ausdrückliche schriftliche Genehmigung von bernsteinfilm M. Bernstein oder von abm vor. Zuwiderhandlungen werden zivil- und strafrechtlich verfolgt.

Josia und die Inklusion

Ich bin nicht kaputt

Ein Film von Michael Bernstein

Josia Topf.

Der Neue aus der 5a.

Wieso ich mich hier auf einem Plakat vorstelle, wird jedem klar, der genauer hinsieht:

Ich sehe anders aus als die meisten Leute. Von Geburt an habe ich nur einen ganz kurzen Armansatz und keine Kniegelenke. Ich habe also ganz kurze Arme und steife Beine. Außerdem ist mein rechtes Bein 15 cm kürzer als das linke und deshalb muss ich eine sogenannte Orthese tragen, die diesen Höhenunterschied ausgleicht. Wenn ich eine lange Hose anhabe, sieht man nicht, dass mein richtiger Fuß weiter oben steht und nur ein künstlicher Fuß, bzw. eine Carbonfeder im Schuh steckt.

Ansonsten bin ich wie jeder 10-jährige Junge:

Ich liebe es, Wii zu spielen, schwimme sehr gerne und bin natürlich begeisterter Fußballer.

Mir würde es echt gut tun, wenn ihr mich nicht anstarrt, sondern lieber mich oder meine Schulbegleiterin ansprecht.

Ich freue mich sehr, an dieser Schule zu sein, und Euch kennenzulernen.

JOSIA TOPf

Bis dann!

60

Es ist ein Geschenk, dass Josia ein umwerfendes Selbstbewusstsein hat. Er weiß, dass er liebenswert ist. Das kann ihm niemand ausreden – und so tritt er auch auf.

Das feste Wissen, dass er durch seine Behinderung nicht an Wert verliert, macht ihn zu einer Ausnahme.
Wenn man das weiß, hält man viele Dinge aus!

Mir wurde beim Kauf eines Sommermantels sehr deutlich, wie sehr wir und unsere ganze Gesellschaft den Wert einer Sache mindern, wenn sie fehlerhaft ist. Mir war ein rosafarbener Sommermantel ins Auge gefallen. Beim Anprobieren verliebte ich mich in das perfekt geschnittene Stück und ich schaute auf den Preis. Ich fiel fast in Ohnmacht.
Der Mantel war im Sommerschlussverkauf stark reduziert, aber immer noch so teuer, dass ich es für meine Verhältnisse dann doch nicht für nötig hielt, ihn zu besitzen.
Ich knöpfte ihn zu und merkte dabei, dass ein Druckknopf im unteren Bereich nicht richtig funktionierte.
Beim Tragen fiel das überhaupt nicht auf, denn es waren ausreichend Knöpfe am Mantel. Mutig meldete ich den Fehler und die Verkäuferin meinte, sie würde versuchen, den Knopf zu reparieren. Es funktionierte nicht, und so bot sie mir an, den Mantel für sage und schreibe 15 Euro mitzunehmen. Mir blieb fast der Mund offen stehen, denn dieser Betrag war ein Bruchteil des reduzierten Preises.

Wenn etwas fehlerhaft ist, verliert es drastisch an Wert. Dieses Denken wird auch viel zu oft auf Menschen übertragen. Bietet man dem nicht die Stirn, weil man weiß, wie wertvoll man ist, kann man schnell unter die Räder kommen.

Das ganze Thema „Inklusion" dreht sich eigentlich darum, dass es keine Menschen zweiter Klasse geben und jeder Mensch die Möglichkeit erhalten soll, sich vollständig und gleichberechtigt an allen gesellschaftlichen Prozessen zu beteiligen. Das ist eine unglaublich gute Idee – in der Theorie –, aber es scheitert oftmals an der praktischen Umsetzung. Das kann ganz unterschiedliche Ursachen haben; der Hauptgrund für mich aber ist der, dass Inklusion ein Thema ist, das die Zustimmung aller erfordert oder wie meine Patentante es einmal so treffend formulierte: „wenn wir Menschen nicht exkludieren, also ausschließen würden, bräuchten wir sie auch nicht wieder inkludieren, mit hinein nehmen".

Wir haben mit dieser Thematik ganz unterschiedliche Erfahrungen gemacht und können nur sagen, dass es wirklich nicht einfach ist. Nicht einmal mit einem Kind, das leistungsorientiert und fleißig ist. Wir sind aber allen dankbar, die uns in diesen Prozessen unterstützt und es möglich gemacht haben, dass Josia in diesem Jahr das Marie-Therese-Gymnasium in Erlangen mit dem Abitur abschließen wird.

Meine große Dankbarkeit gilt in diesem Zusammenhang auch seinen treuen Schulbegleiterinnen, die einen großen Teil ihrer Zeit und Zuwendung Josia geschenkt haben, damit er die Schule besuchen kann. Ihr seid wunderbar!

Mein Lieblingsspruch zu diesem Thema ist: „Alle sagten, das geht nicht! Dann kam einer, der wusste das nicht – und hat's einfach gemacht!"

Nachdem Josia auf der Welt war, sagte uns jemand, dass wir uns von unserem Kind später sicherlich einmal ganz schön was anhören müssten. Irritiert fragten wir nach, was er damit meinen würde.
„Na ja", bekamen wir zur Antwort, „Ihr Kind wird sich sicherlich bei Ihnen beschweren, dass sie es nicht abgetrieben haben.
Es wird Sie zur Verantwortung für sein schweres Leben ziehen und Sie fragen, wie Sie das zulassen konnten." Das saß. Daraufhin fing ich an, Josia jeden Abend zu fragen, ob er einen schönen Tag gehabt habe.

Nach einer Weile sagte er mir, dass ihn das dauernde Gefrage nerven würde – sein Leben sei einfach genial. Diese Aussage hat er noch viele Male bestätigt, zum Beispiel als er für ein Interview eine Überschrift auswählen sollte und diesen Satz formulierte:
„Mein Leben ist völlig unkompliziert." Da blieb selbst mir der Mund offen stehen.

Bereits bei Gesprächen zu seiner Taufe mit 12 Jahren stellte er fest, sein Leben wäre mit dem Liedvers „Die Liebe des Retters hat triumphiert!" ja wohl am besten beschrieben. Ja, am Ende ist es die Liebe, die zählt. Jahre später, als Hans-Georg mit der Flugrettung als begleitender Arzt ein ertrunkenes Kind betreute und Josia das mitbekam, sagte er, er würde für dieses Kind beten. Wir versuchten, ihm zu vermitteln, dass es wenig Hoffnung auf eine Genesung geben würde. Das sei egal, meinte er, lieber behindert als tot.

All diese Begegnungen und Erfahrungen müssen verarbeitet werden, und jedes Mal musste ich mich entscheiden, ob es mich bitter oder besser macht.

In meinem Regal stehen sehr viele Bücher über Vergebung und ich war auf einigen sehr guten Seminaren zu diesem Thema. Denn wenn man Erlebnisse nicht loslässt bzw. Menschen nicht vergibt, verliert man sehr viel Lebensqualität. Ich bin Gott sehr dankbar, dass er in diesem Bereich so viel Geduld mit mir hat, denn ich bin ein nachtragender Mensch. Dabei kann ich es mir in meiner Situation gar nicht leisten, zusätzlich zum Ertragen auch noch etwas nach zu tragen!

An manchen Tagen ist es auch möglich, einfach über eine absurde Begegnung zu lachen. Viele Male haben mich auch die Reaktionen von Josia extrem gerührt und ich habe ihn bewundert. An ihm konnte ich immer wieder sehen, welche Festigkeit ein Mensch hat, wenn er weiß, er wird geliebt, ohne Wenn und Aber. Josia hat daran keine Zweifel. Auch nicht in der Beziehung zu Gott.

Auf den Frauenfrühstückstreffen, zu denen ich als Sprecherin eingeladen werde, frage ich meine Zuhörerinnen manchmal, wie sehr – auf einer Skala von eins bis zehn – Gott sie ihrer Schätzung nach liebt. Die höchste Zahl ist dann meist vier oder fünf. Wir denken, Gott schüttelt bereits den Kopf, wenn wir aufstehen. Dann lesen wir nicht gleich in der Bibel, kein Dankgebet am Morgen und dann werden wir auch noch unseren Kindern gegenüber laut. Da kann man keine Zehn bekommen!

Doch, man kann und man bekommt sie auch. Das ist die Wahrheit, die in unseren christlichen Kreisen immer wieder untergeht. Gott gibt jedem von uns zehn Punkte. Er liebt uns, ohne dass wir irgendetwas getan haben. Mein Herz ist voller Liebe für Josia, schon bevor er morgens aufsteht. Ich freue mich, ihn zu sehen, ich will wissen, ob er gut geschlafen hat, wie er sich fühlt. Ich bin dankbar, wenn es ihm gut geht.
So ist es auch mit Gott: Er ist unglaublich an uns interessiert und unfassbar voller Liebe für uns.
Seitdem ich Josia – also überhaupt ein Kind – habe, verstehe ich das viel mehr. Ich liebe dieses Kind einfach, weil es da ist.

Manche Menschen denken, wenn ich dies oder das für jemanden tue, dann mag er / sie mich. Josia kommt erst gar nicht auf solche Gedanken. Er kann vieles aufgrund seiner Behinderung nicht, muss mich den ganzen Tag hindurch für vielerlei Handreichungen in Anspruch nehmen. Auch das geht nur, weil er weiß, dass ich es tue, weil ich ihn liebe.

Eine geklärte Beziehung ist auch in diesem Fall von Vorteil. Wir sprechen viel über alles Mögliche, damit wir eine offene Beziehung behalten.

«Ich habe ein total unkompliziertes Leben!»

... meinte der kleinwüchsige 11-jährige Junge mit dem TAR-Syndrom auf die Interview-Anfrage. Im Gespräch mit einer Familie, die Gott vertraut.

Sehr viele Menschen haben mir Angst vor der Pubertät von Josia gemacht: Jetzt liefe ja alles noch gut bei uns, aber in der Pubertät … Und dann folgten schlimme Geschichten.

Ich verstehe grundsätzlich nicht, warum man, anstatt dem anderen Mut zuzusprechen, ihm einen Albtraum vor Augen malt. Irgendwann, als es mir zu viel wurde, antwortete ich darauf: „Ich glaube, wir haben so viel schlimme Dinge durchgemacht; die Pubertät kann so schlimm gar nicht werden!" Und das wurde sie auch nicht.

An Josias 13. Geburtstag hatten wir ein Gespräch und kamen zu dem Schluss, dass wir es uns in unserer Situation absolut nicht leisten können, ein schlechtes Verhältnis zueinander zu haben. Das haben wir immer im Blick behalten, wir sagen uns offen, was uns am Verhalten des anderen stört und finden eine Lösung.

Man muss nicht auf Zehenspitzen um den anderen herumschleichen, sondern wir kommen direkt zum Punkt. Und es fängt nichts Unausgesprochenes an zu schwelen oder irgendwann zu explodieren, weil niemand sich getraut hat, es anzusprechen. Die Pubertät ist noch nicht ganz vorbei, aber mein vorzeitiges Fazit ist: kein Problem!

Liebe setzt frei und macht viele Dinge möglich. Sie verändert nicht unbedingt die Umstände, aber die Art und Weise, wie wir durch diese Umstände gehen. Außerdem macht Liebe mutig. Sie beschenkt einen mit der Fähigkeit, über sich hinauszuwachsen, sich etwas zuzutrauen. Der folgende Spruch, den ich einmal auf einer Karte gelesen habe, drückt das sehr gelungen aus: „Wenn Du weißt, wer Du bist, kannst Du sein, wer Du willst."

In der Schule sollten sich die Kinder in Josias Klasse für verschiedene Bereiche ebenfalls auf einer 10-Punkte-Skala einschätzen – Sozialverhalten, Aussehen … Josia war verwundert, dass er der Einzige in der Klasse war, der sich in allen Bereichen 10 Punkte gegeben hatte.

Als wir Silvester 2012 als Familie zusammensaßen und besprachen, was wir im nächsten Jahr gerne machen wollten, was wir für Träume hätten, was wir uns wünschten, da sagte Josia, er hätte nur einen Wunsch: Er wolle unbedingt auf Wettkämpfen schwimmen.
So weit, so gut.

Hans-Georg hatte ihm in den letzten Urlauben auf Mallorca beigebracht, sich über Wasser zu halten. Dabei waren wir begeistert zu sehen, wie wohl und sicher er sich im Wasser fühlte.

Erst mit einer Schwimm-Hilfe, dann mit einem aufblasbaren Nackenkissen und mit viel Atemtechnik war es Hans-Georg gelungen, ihn so weit zu bringen, dass er das Seepferdchen schaffte. Besonders das Tauchen nach einem Ring war eine Herausforderung, da er sich ja nicht mit den Armen durch das Wasser hinunter schieben konnte und seine Arme so kurz und die Hände so klein waren, dass er oft den Ring nicht erwischte. Aber es war gelungen und jetzt wollte er auf Wettkämpfen schwimmen. Das Kompetitive reizte ihn – sich mit anderen zu messen, besser zu sein. Mir machte das oft Bauchschmerzen, weil ich Angst hatte, er könnte enttäuscht sein, wenn er aufgrund seiner Behinderung verlieren würde. Aber er glaubte an sich, und sein Wunsch entpuppte sich als ernstes Anliegen. Ständig fragte er mich, ob ich ihn schon angemeldet hätte.

Mir blieb nichts anderes übrig: Ich rief den Behindertensportverband an. Aber wie sollte der helfen? Mir war klar, dass ich eine Lösung vor Ort brauchte. Ich zögerte mit dem Anruf bei einem Verein, denn ich hatte in anderen Angelegenheiten schon oft die Erfahrung gemacht, dass die Person am anderen Ende der Leitung, kaum dass ich von Josias Behinderung erzählte, sagte: „Wie stellen Sie sich das bitte vor?! Das geht nicht!" Wir haben auch viele sehr gute Erfahrungen gemacht, aber eben auch viele Absagen erhalten, bei denen die Leute sich gar nicht erst mit der Anfrage auseinandersetzen oder Josia wenigstens kennen lernen wollten.

Ich bat Jesus im Gebet um Hilfe und rief den erstbesten Verein im Telefonbuch an. Der Verein hieß SSG81, Schwimmverein Erlangen.

Ich hörte eine freundliche Stimme am Telefon, die mir sagte, dass Josia doch nächste Woche mal zum Vorschwimmen in eine der Kindergruppen kommen solle und man ihn dann einteilen würde. Nachdem ich gefragt hatte, ob Wettkämpfe für Josia denkbar wären, erfuhr ich außerdem, dass man erst vor kurzem eine Abteilung im Verein ins Leben gerufen hatte, die es möglich mache, Menschen mit Behinderung zu Wettkämpfen zu schicken. Ein Volltreffer! – Ich konnte es kaum glauben. Wir gingen beide damals sehr aufgeregt in die Schwimmhalle, und nachdem Josia vorgeschwommen war, erhielten wir die Zusage und die Einteilung in eine Schwimmgruppe. Bis heute lieben wir diesen Verein, der so unkompliziert und so liebevoll mit Josia umgeht.
Josia ist einfach einer von ihnen.

Wer Josia kennt, weiß, dass er durchsetzt, was er sich in den Kopf gesetzt hat, wie verrückt es in seiner Situation auch scheinen mag. Hans-Georg und ich, wie auch seine Trainer haben ihn dabei unterstützt, weil wir beeindruckt waren – und sind –, wie Josia so viel Energie und Kraft aufbringt, um sein Ziel zu verfolgen.

Und? Werden Sie sich fragen, wie sieht es jetzt aus mit den Wettkämpfen? Eine Wand in seinem Zimmer hängt voll mit Medaillen, die erahnen lassen, auf wie vielen Wettkämpfen er mittlerweile erfolgreich war.

Im November 2018 auf den Deutschen Kurzbahnmeisterschaften in Remscheid hatte er sich vorgenommen, den Weltrekord über 50 m Schmetterling in seiner Startklasse zu brechen.

Kurz bevor es losging, stand ich mit ihm am Beckenrand und fragte ihn, was denn wäre, wenn er es nicht schaffen würde.

Er hatte in den Tagen vor dem Wettkampf von nichts anderem mehr gesprochen. Seine Trainer waren sich auch nicht sicher, ob es klappen würde, denn im Training war er an die bisherige Rekordzeit nicht herangekommen. Aber er grinste mich an und sagte: „Du wirst sehen, Mama, es klappt!" Weit unter der Zeit des bestehenden Weltrekords schlug Josia an diesem Tag mit dem Kopf an und holte sich seinen ersten Weltrekordtitel. Und das ausgerechnet in einer Schwimmart, bei der die Arme ein sehr wichtiger Teil des Bewegungsflusses sind.

Stand heute ist, dass Josia Kaderathlet in der deutschen Nationalmannschaft der Behinderten ist. Er hat einen Perspektivkaderstatus, private Trainer, erhält eine Sportförderung und hat sich im Dezember 2019 bereits auf seinen Strecken für die Teilnahme an den Paralympischen Spielen im September 2020 in Tokio qualifiziert.

Unglaublich! Ich sage immer, wer nicht mehr an Wunder glaubt, sollte Josia mal beim Schwimmen zuschauen. Fast tänzerisch sieht es aus, wenn er sich im Wasser bewegt.

Zusätzlich beeindruckt mich seine ungeheure Disziplin und dass er einfach nicht aufgibt, egal wie schwer sich die Aufgabe im Training für ihn herausstellt.

Ich bin jeden Tag wieder neu dankbar, dass Josia das Schwimmen entdeckt hat. Wir waren in den letzten Jahren ziemlich viel in der Welt unterwegs, und das war wirklich anstrengend. Auch die Kombination Gymnasium und jeden Tag Schwimmhalle war manchmal eine große Belastung. Aber unterm Strich war und ist das Schwimmen ein Riesengeschenk. Seitdem er so viel schwimmt, braucht er so gut wie keine anderen Therapien, wie zum Beispiel Krankengymnastik, zur Unterstützung seiner körperlichen Konstitution mehr. Er kann Dinge im Alltag erledigen, die ohne den starken Muskelzuwachs und seine Kraft gar nicht möglich wären.

Das Schwimmen ist aufgrund seiner schweren Behinderung für ihn die einzige Möglichkeit, sich sportlich zu betätigen.

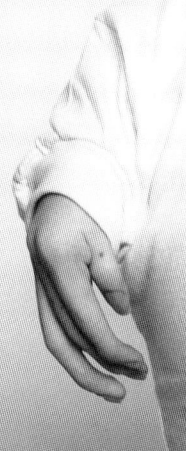

*Ohne Glauben aber ist es unmöglich,
ihm wohlzugefallen; denn wer Gott naht,
muss glauben, dass er ist und denen,
die ihn suchen, ein Belohner sein wird.*

Brief an die Hebräer 11,6 (Luther)

Es ist ein beeindruckender Weg von einem Ultraschallbild, auf das niemand irgendwelche Hoffnung setzt, bis zu einem 16-jährigen Jungen, der Erlanger Sportler des Jahres wird und in Anzug und Krawatte einen Preis entgegennimmt. Von einem Säugling, der keine Nahrung mehr verträgt und über Monate hinweg künstlich ernährt werden muss bis zu einem jungen Mann, der am liebsten wie ein Gourmet mit Messer und Gabel speist und über unterschiedliche Geschmacksnuancen von Rotwein mit seinem Opa diskutiert.

Manchmal wäre es schön und auch sehr beruhigend, wenn man solche Entwicklungen vorher schon sehen könnte. Man könnte sich entspannen und müsste nicht dauernd unter Strom stehen und sich sorgen. Ich würde so gerne immer in dem tiefen Gottvertrauen leben, dass alles irgendwie gut wird. Leider war das nicht immer der Fall, trotz vieler Gebetserhörungen und toller Begebenheiten, die wir auch erleben durften.

Deshalb war und ist es für mich so wichtig, immer wieder mein Vertrauen in und meine Hoffnung auf Gott zu erneuern. Oft müssen wir ihm einen Vertrauensvorschuss geben, denn glauben heißt ja nicht sehen: „... denn wir wandeln im Glauben und nicht im Schauen" (2. Korinther 5,7; Luther).

Das ist gar nicht so einfach, denn glauben heißt auch nicht, sich etwas einbilden. Was bedeutet es dann aber zu glauben, wie sieht es aus, wenn ich Gott vertraue? In Hebräer 11,6 habe ich dazu eine sehr schöne Beschreibung gefunden:

„Ohne Glauben aber ist es unmöglich, ihm wohlzugefallen; denn wer Gott naht, muss glauben, dass er ist und denen, die ihn suchen, ein Belohner sein wird."

Gott wünscht sich, dass wir ihm vertrauen. Wir gefallen ihm, er hat Freude an uns, wenn wir glauben. Und dann kommt der zweite Satz, in dem steht, dass wir nicht nur an seine reine Existenz glauben sollen, sondern dieses Glauben, „dass er ist" beinhaltet sehr viel mehr. Das hier verwendete griechische Wort für „sein" ist „eimi". Es kommt in der Septuaginta, der griechischen Übersetzung des Alten Testaments und im Neuen Testament vor. Es bezieht sich immer auf Gott. Als Mose am brennenden Dornbusch steht, sagt Gott es: „ego eimi": Ich bin, der ich bin. Gleichzeitig bedeutet diese Form auch: Ich bin, der ich war. Es ist also die Gegenwartsform einer vergangenen Handlung, die immer noch andauert.

Auch die Ich-bin-Worte von Jesus im Neuen Testament, zum Beispiel im Johannesevangelium, verwenden die gleiche Formulierung.
Damit wird einerseits klargestellt, dass Jesus Gott gleich ist, aber auch ausgedrückt, was in Jesaja 41,4 steht: „Ich, der HERR, bin der Erste, und bei den Letzten bin ich derselbe."

Was heißt das konkret für mich?
Für mich bedeutet es, dass Gott sich nicht verändert hat.
Es gilt, was in der Bibel steht. Gott hat weder an Schöpferkraft noch an Interesse an uns verloren. Jesus ist immer noch der gute Hirte, der Weinstock, mein Helfer und Tröster usw. Und wenn ich schaffe, das zu glauben, gerade dann, wenn mein Leben nicht perfekt läuft und ich ihn in meiner Not suche, wird er mir ein Belohner sein.

Wie wir hier in unserem Leben belohnt werden, weiß ich nicht. Manchmal sehe ich es als Belohnung an, dass trotz der Umstände meine Lebenslust und meine Freude nicht verschwunden sind.

Woran ich aber fest glaube – und das ist der einzige Trost, den ich für Josia habe –, ist, dass im Himmel eine Belohnung auf die wartet, die geglaubt und Gott gesucht haben. Gerade wenn sie so eine Last wie Josia getragen und Gott trotzdem geehrt haben.

Josia hat in einem Interview einmal gesagt: „Gott bleibt Gott und mein Herr. Im Himmel werde ich bestimmt lange Arme und Beine haben und alles nachholen können."

Das ist dieses Vertrauen auf „ego eimi", den unverrückbaren, großartigen, einzigartigen Gott, dem alle Macht und alle Ehre zusteht – vor aller Zeit und bis in Ewigkeit.

Ich habe Gott in meinem Leben oft nur auf sein Wirken reduziert. Er ist aber in erster Linie eine Person und sehnt sich nach Beziehung. Das interessiert uns manchmal wenig.

Wir möchten so beten können, dass es zum gewünschten Ergebnis führt und erhört wird, wir wollen unseren Lobpreis perfektionieren, damit er etwas bewirkt.

Gebet und Lobpreis sind wichtig, aber der Fokus sollte nicht auf einem Ergebnis, sondern auf der Beziehung zu Jesus liegen.

Aber was ist mit den vielen Momenten und Erlebnissen, bei denen ein Eingreifen Gottes so wichtig gewesen wäre und wir uns fragen: „Wo warst du, Gott?"

So wie in der Geschichte von Maria, Martha und Lazarus (nachzulesen in Johannes 11,1-46):
Lazarus ist der Freund Jesu. Er ist krank. Sie schicken nach Jesus, aber er kommt nicht. Schließlich kommt er doch, aber viel zu spät, denn Lazarus ist bereits tot. Die Ansage von Lazarus' Schwester Martha ist da sehr verständlich: „Wärst du hier gewesen, wäre er nicht gestorben!"

Es sieht in ihren Augen doch ganz klar so aus, als hätte es Jesus nicht so sehr interessiert und Lazarus sei ihm nicht wichtig genug gewesen, dass er sich beeilt hätte, um ihm zu helfen. Offensichtlich hatte sie sich getäuscht, denn sie und ihre Schwester hatten nach Jesus geschickt mit den Worten: „Herr, siehe, der, den du lieb hast, ist krank!"

Das ist die häufigste und schmerzhafteste Folgerung, die wir ziehen, wenn wir in Schwierigkeiten geraten oder Leid ertragen müssen: „Jesus kann mich gar nicht so lieben, wie sein Wort, die Bibel, es behauptet. Es kümmert ihn doch gar nicht!"

Das sagen auch die Nachbarn von Maria und Martha zueinander, als Jesus endlich eintrifft:
„Wenn er ihn wirklich lieb gehabt hätte, hätte er doch früher kommen können!"
„Wenn er überall so tolle Wunder tut, hätte er doch auch bei ihm etwas machen können!"

Jesus wird zornig, als er das hört. Warum? Weil sein Zögern in keinster Weise ausdrückt, dass seine Liebe zu Lazarus nicht echt war. Sein Ziel ist ein anderes: Gott soll verherrlicht werden durch den Tod Lazarus.

Auch wir können in vielen Dingen die Sicht und Absicht Gottes (noch) nicht erkennen. Es ist es zu einfach, bei erfahrenem Leid zu sagen: Da wird etwas ganz Tolles entstehen. Hiob bekam nach seiner schrecklichen Leidensgeschichte doppelt so viele Kinder, wie er zuvor verloren hatte. Aber wiegt das den Schmerz der verstorbenen auf (Hiob 43,13)?

Ich weigere mich standhaft, die Behinderung von Josia irgendwie als gut anzusehen. Sie behindert und schränkt uns jeden Tag ein.

> «Im **Himmel** werde ich sicherlich **lange Arme** und **Beine haben** und alles nachholen können.»

Schulschwimmen – die Sportart, bei der auch Josia mit seinen Klassenkameraden mithalten kann.

Abgeräumt! 2x Gold, 2x Silber und Bestzeiten bei den Deutschen Kurzbahnmeisterschaften in Riesa im November 2014.

Ich habe gelernt, damit umzugehen, weil ich mir sagte, jeder strengt sich so gut an, wie er kann. Und im Schwimmsport bei den Wettkämpfen werde ich ja eh anders bewertet (Einstufung in Klassen, je nach Behinderung).

Trotzdem ist es für mich im Sportunterricht manchmal schwierig, auf Dinge, die mir Spass bereiten, verzichten zu müssen.

In der Schule und mit deinen Freunden kannst du nicht alles mitmachen ...

Obwohl ich wegen meiner Behinderung nicht überall dabei sein kann, habe ich gute Freunde, die zu mir stehen. Sie sind so flexibel, dass sie mit mir dann auch was anderes machen.

Was bedeutet dir Gott? Ist ihm bei dir ein Fehler unterlaufen?

Nein, er wollte mich so schaffen und ich bin damit einverstanden, auch wenn es oft schwierig ist. Aber Gott ist Gott und mein Herr. Im Himmel werde ich sicherlich lange Arme und Beine haben und alles nachholen können.

Menschen starren dich oft an. Was wünschst du dir, wie man auf dich zugehen sollte?

Es wäre schön, wenn die Leute zu mir kämen, um mich zu fragen, und nicht zu ihren Eltern laufen und mit dem Finger auf mich zeigen. Aber ich verurteile niemanden deswegen.

Leute urteilen jedoch oft hart, vorschnell und verletzen ...

Das stimmt, und ich mag es gar nicht, wenn man zum Beispiel einfach davon ausgeht, dass ich ein Contergan-Kind bin. Das bin ich eben nicht.

Weshalb gehst du mit deiner Geschichte an die «Öffentlichkeit»?

Weil ich hoffe, dass ich damit Menschen helfen kann, die alleine sind oder die glauben, ihr Leben sei nichts wert.

Vom Hörensagen hatte ich von dir gehört,
jetzt aber hat mein Auge dich gesehen.

Hiob 42,5 (Luther)

Dabei trenne ich es sehr genau, wenn ich sage, dass ich die Behinderung hasse, aber Josia liebe. Zum Glück können wir darüber sehr offen reden, denn wenn ich an manchen Tagen verzweifelt bin über Sachen, die mit der Behinderung zu tun haben, ist es wichtig, dass Josia weiß: Nicht er macht es mir schwer, sondern die Behinderung, und dafür kann er nichts. Also bleibt auch unsere Beziehung davon unberührt und wird nicht beschädigt. Und auch sein Selbstwert und seine Identität werden nicht damit belastet. Im Gegenteil, er sagt sehr selbstbewusst von sich: „Ich bin schwerbehindert, aber pflegeleicht!"

Dass der Umgang mit der Behinderung und Josias Beziehung zu Gott bereits viele Menschen berührt und ermutigt hat, ist schön. Dadurch wird die Behinderung an sich aber nicht gut. Natürlich hoffe auch ich von ganzem Herzen, dass Gott uns und Josia gebraucht, um sich zu verherrlichen. Trotzdem wird das Leid und das Erlebte nicht ausradiert, und ich muss es verarbeiten, muss aktuell damit leben und mich immer wieder entscheiden, wie es sich auf meine Beziehung zu Jesus auswirken darf.

Dabei versuche ich auf den Vers 5 in Hiob 42 zu blicken: „Vom Hörensagen hatte ich von dir gehört, jetzt aber hat mein Auge dich gesehen." Das wünsche ich mir.

Nachdem Josia mit Kaiserschnitt und Vollnarkose auf die Welt gekommen war, tauchten Probleme auf und ich wurde weitere 90 Minuten lang operiert. Ich hatte sehr viel Blut verloren und war in einem sehr schlechten Zustand, als ich endlich auf mein Zimmer kam.

In der darauffolgenden Nacht kollabierte ich. Unterzucker, Panikattacke, Übelkeit, Schüttelfrost. Ein bisschen von allem. Ich bekam Beruhigungsmittel, dann wurde es besser.

Hans-Georg hatte die ganze Zeit an meinem Bett ausgehalten, dafür war ich ihm sehr dankbar. Als die Lage sich am nächsten Tag etwas beruhigt hatte, wollte er nach Hause gehen, um zu duschen. Josia durfte, wie auf der Geburtsstation üblich, mit bei mir auf dem Zimmer bleiben, weil ihm ja erst mal außer der körperlichen Behinderung glücklicherweise nichts fehlte.

Ich konnte nicht aufstehen, da ich einen Kaiserschnitt gehabt hatte und ein Sandsack auf meiner Narbe lag. Nachdem Hans-Georg gegangen war, fing Josia erbärmlich an zu schreien und ich wurde vor Übelkeit fast ohnmächtig. Ich konnte ihn nicht aus dem Bettchen nehmen und beruhigen und wusste selbst nicht, wohin, weil ich mich übergeben musste. Ich drückte die Klingel, um eine Schwester zu Hilfe zu holen. Nichts passierte.

Ich drückte wieder und immer wieder. Dann schrie ich um Hilfe – aber keiner kam.

Als Hans-Georg endlich nach einer Dreiviertelstunde wieder kam, war ich aufgelöst und hysterisch. Beim Überprüfen der Klingel stellten wir fest, dass sie nicht funktionierte und deshalb niemand gekommen war.

Ich war so tief und so bitterlich enttäuscht von Jesus. War er nicht einmal imstande, mir eine funktionierende Klingel zukommen zu lassen oder mir jemanden vorbei zu schicken?

Wenn ich diese Geschichte auf Frauenfrühstückstreffen erzähle, frage ich die Frauen vor mir immer, ob sie verstehen können, warum mich diese Situation so fertig gemacht hat.

Dann nicken viele und haben Tränen in den Augen. Wir alle haben sogenannte Schlüsselerlebnisse, die darüber bestimmen, in welcher Beziehung wir mit Gott weiterleben.

Ich wusste, wenn Jesus mir dazu keine Erklärung liefern würde, wenn ich darüber keinen Frieden finden würde, würde die Bitterkeit über sein Nicht-Eingreifen in meinem Leben überhandnehmen.

In meiner Stillen Zeit bat ich ihn, mir zu begegnen und mit mir darüber zu sprechen. Dann erlebte ich etwas, womit ich nicht gerechnet hatte. Während ich betete, sah ich Jesus an meinem Bett in der Klinik sitzen, er hielt meine Hand und weinte bitterlich.

Ich spürte, wie sehr er mit mir litt und wie leid es ihm tat, mich so zu sehen. All meine Wut und Bitterkeit verschwanden. Die Liebe Gottes hatte mich erreicht und mich von meinem Schmerz erlöst.

Mich tröstet es bis heute ungemein, zu wissen, dass Gott weiß, wie schwierig und anstrengend manche Dinge in meinem Leben sind. Dass es ihn kümmert, dass er mit uns trauert, auch wenn er die Situation nicht verbessert oder drastisch verändert.

Ich habe ein Lied geschrieben, das in diesen Situationen immer wieder in mir laut wird:

Du weißt, was ich brauch',
bevor ich dich bitte.
Du kennst meine Not, o Herr.
Du bist vor mir da, wenn ich falle.
Und fängst mich dann auf.
Mein Vater.

Deshalb beug ich meine Knie in Anbetung.
Falle vor dir nieder, großer Gott.
Hebe meine Augen auf zum Himmel.
Rufe laut, so laut ich nur kann:

Du bist heilig.
Du bist mächtig.
Du bist immer für mich da.
Jesus, du bist wunderbar.

Es ist ein lebenslanger Lernprozess, zu glauben, zu vertrauen, sich nicht zu sorgen. Ich versuche es immer wieder, da so viele Verheißungen darauf liegen und weil es Gott ehrt.

Ich habe im Folgenden zwei Gebete formuliert, die mir sehr wichtig geworden sind: Das erste kann Ihnen helfen, überhaupt mit Gott in Kontakt zu treten – der Start für eine Beziehung mit Jesus.

Herr Jesus Christus,
ich komme jetzt zu Dir, so wie ich bin.
Danke, dass Du mich immer geliebt hast und liebst.
Herr Jesus, ich möchte in Beziehung mit Dir treten.
Ich glaube, dass Du für mich persönlich am Kreuz von
Golgatha gestorben bist und dass Du mit deinem Blut
für mich bezahlt hast.
Vergib mir meine Schuld – mach mich rein mit Deinem Blut.
Ich öffne Dir die Tür meines Herzens und nehme Dich, Jesus,
als meinen Erlöser und Gott an.
Bitte erfülle mich mit Deinem Heiligen Geist und leite Du
mich.
Amen.

Das zweite Gebet ist ein Gebet, um im Leid einen anderen Fokus zu bekommen, die Beziehung zu vertiefen oder wieder neu zu starten.

Herr Jesus Christus,
viele Dinge sind in meinem Leben geschehen, die ich nicht verstehen kann.
Die Trauer und die Wut darüber haben dazu geführt,
dass ich mich von Dir entfernt habe.
Ich habe Angst, mich Dir wieder zu öffnen und anzuvertrauen.
Doch ohne Dich möchte ich mein Leben nicht leben.
Komm Du mit deiner Liebe und Heilung in mein Herz.
Stärke Du meinen Glauben und gib mir das feste Vertrauen,
dass Du es immer gut mit mir meinst.
Deine Liebe ist keine flüchtige Liebe.
Begegne mir mit Deinem Heiligen Geist!
Ich laufe in Deine Arme.
Halt mich fest bei Dir.
Amen.

Von ganzem Herzen wünsche ich mir, dass Gott Sie beim Lesen berührt hat. Ich hoffe, dass Sie glauben können, dass Gott Sie von ganzem Herzen liebt.

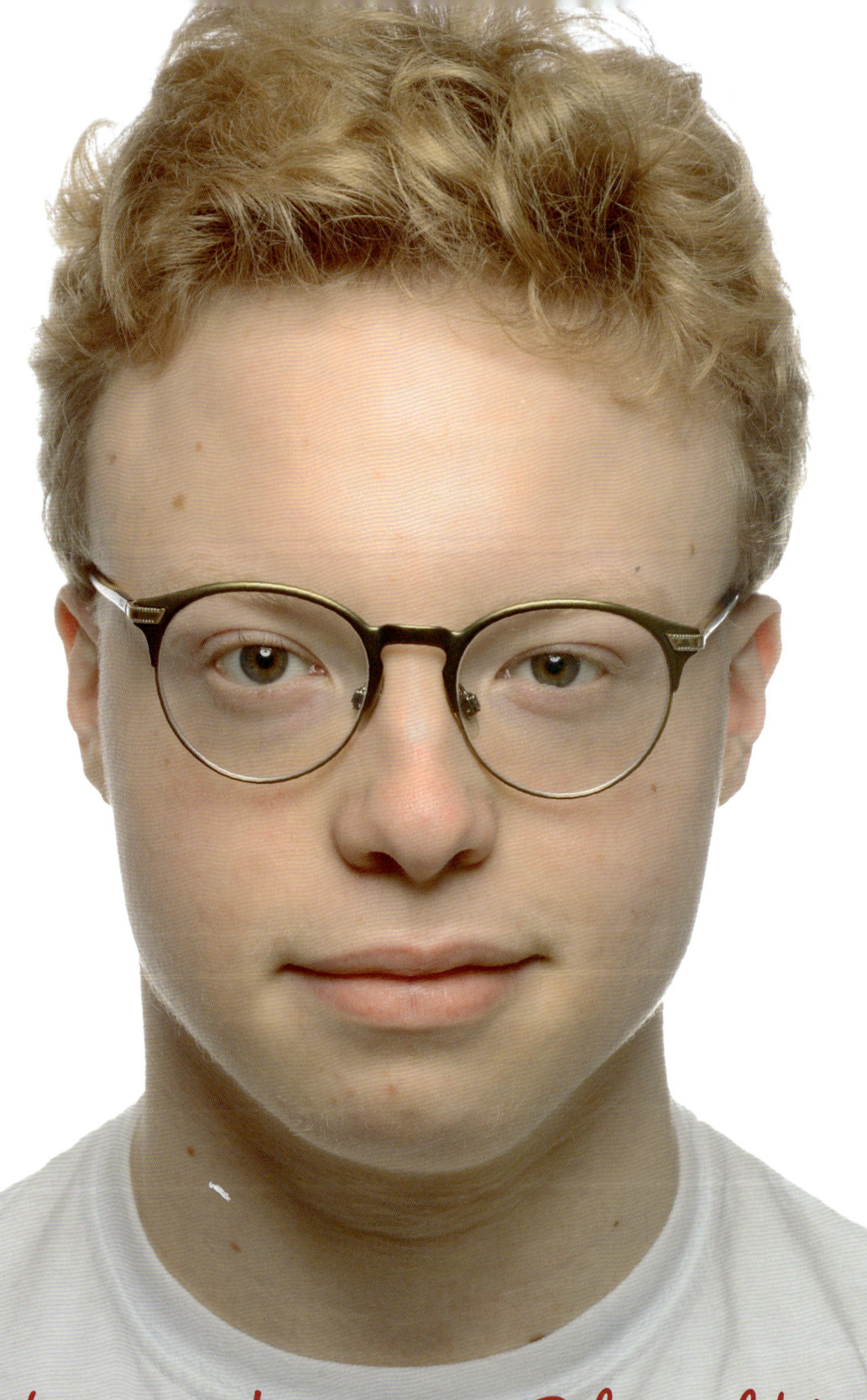

Ich weiß, dass mein Erlöser lebt!